FRAUEN auf ERFOLGSKURS

von Nancy Failla

FRAUEN Aufgepasst!

Sie können jetzt ganz einfach von
zu Hause aus Geld
verdienen und finanziell
unabhängig werden.

Hier erfahren Sie mehr ...

Frauen auf Erfolgskurs

FRAUEN Aufgepasst!
Sie können jetzt ganz einfach von zu Hause aus Geld verdienen und finanziell unabhängig werden.
Hier erfahren Sie mehr ...

ISBN 978-3-902114-31-0

Herausgegeben von:

Life Success Media GmbH
6020 Innsbruck, Austria
www.45sekundentools.de

Gedruckt in Europa
Designed by

<img>
MEDIENDESIGN

Stellen Sie sich bitte einmal vor, Sie müssten sich nie wieder Sorgen machen ...

... über Ihr monatliches Einkommen ... ,

...über finanzielle Belastungen, Kredite, Verbindlichkeiten ...,

...um das Wohl Ihrer Familie oder Ihre Altersversorgung!

Für immer ausgesorgt... denn Sie haben ein regelmäßiges, sehr regelmäßiges, sehr gutes Einkommen, das es Ihnen auch gestattet, die Dinge zu tun, die Sie und Ihre Familie schon immer tun wollten, wozu aber bislang nie genug Geld vorhanden war. Jetzt können Sie sich all das erlauben, wovon Sie bislang nur geträumt haben ...

Jeder Mensch hat seinen eigenen Motor, der ihn antreibt, sein WARUM, das seine Aktivitäten bestimmt. Die Gründe sind sehr verschieden. Das steht fest. Aber ist es nicht so, dass wir, wenn wir wüssten, dass jeden Monat mit der Regelmäßigkeit eines Uhrwerks genug Geld auf unserem Konto einginge, wir doch alle das Leben führen könnten, von dem wir schon immer geträumt haben? Und dass wir dann mehr Zeit für all die Dinge hätten, die uns am Herzen liegen und die wir brennend gerne tun würden? Ist dem nicht so? Natürlich trifft das zu.

Und so stellt sich die folgende Frage:

Gibt es denn wirklich – allen Ernstes – eine Möglichkeit zu lernen, wie Sie ein attraktives Einkommen von zu Hause aus – in der Sicherheit und Gemütlichkeit Ihrer eigenen vier Wände – aufbauen können ... Ganz gleich, wer Sie heute sind und wo Sie leben?

Die Antwort lautet: JA! Ein ganz klares: JA!

Meine Damen, lassen Sie uns an dieser Stelle Klartext reden. Sozusagen von Frau zu Frau, von Herz zu Herz. Ganz unter uns. Ich werde dabei ganz offen über die Welt der Frauen, wie sie wirklich ist, sprechen. Ihre familiären Bindungen, ihre Verpflichtungen, ihre Möglichkeiten. Ich möchte Ihnen aufzeigen, dass auch Sie das vollbringen können, was Tausende von Frauen überall in der Welt tun, um ihr Leben entscheidend zu verändern.

Frauen erringen finanzielle Erfolge. Frauen entwickeln Selbstbewusstsein. Ihnen wird Respekt und Anerkennung zuteil. Sie bringen Gleichgewicht in ihr Leben. Aber sie erreichen in einer, im Prinzip von Männern bestimmten Welt, noch etwas ganz anderes: Sie werden zu gleichberechtigten Partnern. In dem Bereich, von dem ich spreche, haben sie die gleichen Einkommensmöglichkeiten wie die meisten Männer auch. Warum? Um in diesem Geschäft erfolgreich zu sein, muss man mit anderen teilen, für andere sorgen, sich um andere kümmern. Und wir Frauen sind in diesen Bereichen sehr gut, nicht wahr? Also, ich sage Ihnen: Diese Geschäftsmöglichkeit ist ganz einfach ideal für uns Frauen!

Auf den folgenden Seiten werden Sie entdecken, wie Sie Ihren Lebensunterhalt – und noch weitaus mehr – in einem Industriezweig verdienen können, der weltweit eine Revolution im Marketing darstellt. Einzusteigen ist nicht nur lukrativ, nein, es ist auch einfach, so einfach, dass es sogar Kinder und Jugendliche tun könnten.

An dieser Stelle verspreche ich Ihnen nicht nur, dass ich Ihnen das Geheimnis lüfte, sondern ich werde Ihnen auch aufzeigen, wie dramatisch sich dadurch mein Leben und das Leben meiner Familie verändert hat. Und dann werde ich Ihnen noch von anderen Frauen erzählen, die ich persönlich kenne und deren Leben sich durch Network-Marketing eindeutig zum Positiven verändert hat.

Und wissen Sie, was das Aufregendste daran ist? ***Dass auch Sie Ihre Zukunft verändern können. Langsam, kontinuierlich und ganz bewusst.*** Ich werde Ihnen zeigen, wie Sie sich zu einer Person entwickeln können, die das große Geld verdient und die voller Selbstbewusstsein und voller Stolz ist. Tun Sie einfach das, was Sie Ihr ganzes Leben schon getan und worüber Sie sich noch nie Gedanken gemacht haben: Sprechen Sie Empfehlungen aus. Ich werde Ihnen beibringen, wie Sie dadurch, dass Sie anderen Menschen helfen, sehr viel Geld verdienen können. Klingt gut? Sicher, das ist auch gut. Lesen Sie einfach weiter.

Schauen wir den Tatsachen ins Auge: Wir leben in einer Welt, in der Männer das Sagen haben ...

Stimmt's? Oder doch nicht?

In dem Milieu, in dem ich aufwuchs, war der „Platz" der Frau zu Hause, die eigenen vier Wände. In einer von Männern dominierten Gesellschaft, mit gewissen – den damals gültigen – Überzeugungen, wurde mir beigebracht, dass meine Rolle die der Hausfrau und Mutter ist und dass ich meinen Mann in allen Bereichen und mit allen meinen Kräften zu unterstützen habe.

Meine Eltern hielten viel von einer höheren Schulbildung und schickten mich deshalb aufs College. Dort traf ich dann meinen späteren Ehemann Don. Damals, in den Sechzigerjahren, war ich noch zutiefst davon überzeugt, dass ich ein Studium absolvieren müsste, wenn wir es in unserem kommenden, gemeinsamen Leben zu etwas bringen wollten. Was ich brauchte, war ein „besserer" Job.

Und wie vielen anderen Frauen auch, wurde mir, als ich verheiratet war, klar, dass ich viele Aufgaben zu erfüllen hatte. Ich hatte die Rolle der verständnisvollen, unterstützenden Ehefrau, die der liebenden Mutter, der Haushälterin, die für das Bügeln und Waschen zuständig ist, und darüber hinaus noch die Rolle des zusätzlichen Verdieners. Frauen, die alle diese Aufgaben zu erfüllen haben, nenne ich schlichtweg „Superfrauen".

Haben Sie auch schon den Spruch gehört, dass es die Aufgabe der Männer ist, von früh bis spät zu schuften, dass aber die Aufgaben einer Frau nie erledigt sind? Für sie gibt es immer etwas, was noch zu tun ist. Dem können Sie doch nur zustimmen, oder?

Wir Frauen verstehen uns sehr gut. Wir alle haben ein ähnliches Leben. Nur sehr wenige Männer können uns so richtig verstehen. In erster Linie geht es um die „Rolle", die zu spielen man von uns erwartet. Manchmal kam es mir so vor, als ob man uns wie Menschen zweiter Klasse behandeln würde. Dass wir weniger wichtig seien als Männer oder dass das, was wir tun, nicht so wichtig sei wie das, was eben Männer tun. Und dass unsere Chance in der Geschäftswelt, eine wichtige Position zu bekleiden und ein einträgliches

Einkommen zu erzielen, einfach nur aus dem Grund, dass wir Frauen sind und einige von uns auch Kinder zur Welt gebracht haben, offen gesagt, recht beschränkt sei. Können Sie mir an dieser Stelle zustimmen?

Es gibt noch viele andere Härten, durch die Frauen einfach durchmüssen. Nicht nur, dass sie einfach für die gleiche Arbeit weniger Lohn erhalten oder dass sie an die so genannte „gläserne Decke“ stoßen, sondern auch, dass sie mit anderen schwierigen und nachteiligen Situationen klar kommen müssen.

Teilweise müssen Frauen mit Männern leben, die dominant sind und sie sogar regelrecht unterdrücken. Manche Frauen leben in ständiger Angst oder sind in einer Art von gegenseitiger Abhängigkeit gefangen. Viele Frauen haben auf Möglichkeiten unterschiedlichster Art, die sich ihnen außerhalb ihres Heimes boten, verzichtet, weil sie diese einfach nicht wahrnehmen konnten. Sei es, dass sie keine Zeit hatten oder dass ihr Partner sie entmutigte oder es sogar verhinderte.

Manchen Frauen mangelt es an Selbstvertrauen und Selbstachtung. Vielleicht wissen Sie auch einfach nicht, an wen sie sich wenden können oder wohin sie gehen können, um etwas darüber zu erfahren, wie sie die Muster, in denen sie gefangen sind, verändern können.

Trifft die eine oder andere Aussage auf Sie zu? ***Falls Sie mit dem Kopf nicken, sollten Sie sich ein Herz fassen. Es gibt in der Tat einen Weg für Sie, durch den Sie so viel verdienen können, dass Sie in der Lage sein werden, Ihr Leben entscheidend zu verändern.***

Ob ich Frauen zu einer Art Revolution anstacheln möchte? Um Gottes Willen: nein! Ich möchte Ihnen ganz einfach nur aufzeigen, dass es für Sie eine Ausbildungs- und Trainingsmöglichkeit gibt, die Sie zu Hause – in Ihren eigenen vier Wänden – mit dem Tempo, das Ihnen entspricht, wahrnehmen können. Sie werden lernen, wie Sie so viel Geld verdienen können, dass Sie Ihr Leben nach Ihren eigenen Vorstellungen verändern können, ohne Ihre Partnerschaft dabei zu gefährden.

Ich persönlich genieße meine Rolle als Ehefrau und Mutter. Ich unterstütze meinen Mann und meine beiden Söhne nach vollsten Kräften. Eine Tatsache jedoch ist für mich äußerst wichtig. Es ist die Tatsache, dass ich, dadurch dass ich mich in diesem Geschäftszweig engagiere, einen außerordentlich hohen Anteil zum Familieneinkommen beisteuere. Ich bin eine glückliche, erfolgreiche, selbstständige Frau. Diese Tatsache hindert mich nicht daran, meinen anderen Verpflichtungen nachzukommen, nein, ganz im Gegenteil. Ich erfülle sie mit umso mehr Freude. Ich habe Vertrauen, ich fühle mich frei, und ich habe genug Freizeit, die Dinge zu tun, die für mich am allerwichtigsten sind.

Ich werde Ihnen auch ein ganz kleines Geheimnis verraten: Ich muss mich heute nicht mehr um all die lästigen Dinge im Haushalt kümmern. Dinge wie Kochen und Putzen. Heute kann ich es mir leisten, jemanden dafür zu bezahlen, dass er die Arbeit für mich macht. Ich mache nur noch die Dinge, die mir Spaß machen. Wären Sie auch gerne in dieser Lage? Nun, es liegt nur an Ihnen!

Meine Einstellung ist die folgende: ***Ganz gleich, welches Leben Sie derzeit führen, ob Sie Hausfrau oder berufstätige Mutter sind, ob Sie eine harmonische Partnerschaft haben oder Ihr Mann Ihnen weniger Aufmerksamkeit schenkt, als Sie es gerne hätten. Ganz gleich, ob Sie als Kellnerin jobben oder geschäftlich rund um den Globus fliegen, um wichtige Termine wahrzunehmen. Sie können sich genau den Lebensstil verschaffen, der Ihnen am meisten Freude bereitet. Dies kann schneller Realität werden, als Sie es sich jetzt vorstellen können. Sie müssen nur den Entschluss dazu fassen und es ausprobieren.***

Wenn Sie Menschen mögen und sich für sie verantwortlich fühlen, genau so wie Sie für Ihre Familie sorgen, dann werden Sie hier Karriere machen, Sie werden sehr erfolgreich sein und viel Geld verdienen. Für Frauen eine überaus faszinierende und aufregende Möglichkeit, sowohl persönliche als auch finanzielle Gewinne zu erzielen.

Eine „bodenständige“ Revolution ...

Vielleicht sind Sie sich der Tatsache bewusst, dass sich unsere heutige Welt sehr schnell verändert. Oder vielleicht auch nicht. Die Entwicklung von Computerchips und weltweiten Kommunikationssystemen verändert unsere Gesellschaft in einem rasanten Tempo. Die Welt ist einem tief greifenden Veränderungsprozess unterworfen, weg von den althergebrachten Methoden des Handels und Vertriebs, hin zu einer elektronisch verlinkten internationalen Ein- und Verkaufsmöglichkeit. Bequemes Einkaufen von zu Hause aus war noch nie so beliebt wie heute.

Die Großunternehmen passen sich diesem Trend an. Bestimmte Branchen sterben aus. Aber die gute Nachricht dabei ist, dass dabei auch neue entstehen. Es entwickeln sich sehr aktuelle Herstellungs- und Vertriebsmethoden. Diese bieten Frauen – und natürlich auch Männern – ganz erstaunliche Möglichkeiten, indem Sie bequem von zu Hause aus arbeiten und dabei noch sehr gutes Geld verdienen können. Der Höhe des Einkommens sind keine Grenzen gesetzt, genauso wenig der Freiheit, die Sie dabei gewinnen können. Und noch etwas: Die Vorarbeit ist für Sie bereits getan! Alles, was Sie jetzt noch tun müssen, ist: sich zu informieren, anzufangen und loszulegen.

Es handelt sich hier wirklich um den allerneuesten Trend. In der Tat sprechen wir von einer revolutionären Bewegung, die der industriellen Revolution sehr nahe kommt, deren Auswirkungen denen der industriellen Revolution auf unsere Gesellschaft entsprechen werden. Im vorliegenden Fall würde ich jedoch eher von einer ganz besonderen Revolution sprechen, die darin besteht, dass Frauen wie Sie und ich, also ganz gewöhnliche Menschen, zu Unternehmerinnen werden können. Wie? Diese Art, sich den Lebensunterhalt zu verdienen, wird dazu führen, dass neben den traditionellen Arbeitsplätzen immer mehr Arbeitsplätze zu Hause entstehen werden, die mit dem entsprechenden Lebensstil verbunden sind. Dieser Trend wird eine Dimension erreichen, wie sie die Welt seit den Zeiten der Großfamilie, die zusammen auf dem Bauernhof lebte und arbeitete, nicht erlebt hat. Mehrere hunderttausend Familien werden ihr Geschäft (wieder) von zu Hause aus betreiben und ein sehr attraktives Einkommen erwirtschaften.

Und das Wichtigste an diesem Trend ist, dass <u>Sie</u> daran teilhaben können.

Wie es mir erging ...

Ich bin sehr glücklich, denn heute bestimme ich, was ich tue und wann ich es tue. Ich bestimme über mein Leben. Aber das war nicht immer so. Der Gedanke, dass ich heute in der Lage bin, vielen anderen Menschen ebenfalls dazu zu verhelfen, begeistert mich unendlich. Er erfüllt mich mit Freude. Und es macht ungeheuer viel Spaß!

Wenn Sie Ihr Leben bestimmen, wenn Sie selbst festlegen, wie Ihr Leben aussehen soll, dann haben Sie genug Zeit und Geld, um all die Dinge zu tun, die für Sie wichtig sind. Dazu zählen Dinge wie wertvolle Zeit mit Ihrem Ehepartner oder dem für Sie am wichtigsten Menschen zu verbringen, Zeit für Ihre Kinder, während diese aufwachsen und Ihrer Unterstützung bedürfen. Zeit und Geld für ganz besondere Dinge oder für Ihre Hobbys, für die Kirche oder für Angelegenheiten, die der Allgemeinheit dienen.

Die Vorteile, die Sie genießen können, wenn Sie Ihr Geschäft von zu Hause aus betreiben, sind: Unabhängigkeit, Komfort, Zeit und zusätzliches Geld. Den meisten Menschen ist jedoch nicht klar, dass es diese Alternative auch wirklich gibt. Es ist Ihnen nicht klar, dass es eine bessere Möglichkeit gibt, weil Sie in ihrem täglichen Joch gefangen und davon (total) gestresst sind. Sie wissen nicht, dass diese unglaubliche Möglichkeit wirklich existiert. Alles, was man dazu braucht, sind ein paar Euro und ein paar Stunden pro Woche, um anzufangen, loszulegen, sich ein paar Dinge beibringen zu lassen und somit das eigene Leben zu verändern. Es geht langsam los, parallel zu der Tätigkeit, die Sie derzeit ausüben. Keinesfalls sollten Sie Ihren jetzigen Arbeitsplatz aufgeben, um gleich Vollzeit starten zu können. Das wäre mehr als dumm und äußerst riskant.

Sie starten nebenberuflich. Und dann, nach einigen Monaten oder vielleicht nach einem oder zwei Jahren kontinuierlicher Arbeit wird Ihr Einkommen eine Höhe erreichen, die es Ihnen erlaubt, sich dafür entscheiden zu können, Ihren Job zu kündigen und nur noch im Network zu arbeiten. Zu diesem Zeitpunkt werden Sie also die freie Wahl haben. Die Freiheit, sich für eine Sache zu entscheiden, denn Sie werden dann mit Ihrer nebenberuflichen Tätigkeit im Network mehr Geld verdienen, als Sie bislang mit Ihrer

Vollzeitbeschäftigung bei 40 bis 60 Stunden wöchentlich verdient haben.

Die meisten Leute, die ich kenne, haben zum jetzigen Zeitpunkt das Hamsterrad verlassen und arbeiten nur noch im Network, mit dem eindeutig damit verbundenen Spaß. Wobei sie die Arbeitszeit selbst festlegen und mehr Zeit für die Dinge haben, die ihnen wirklich Freude bereiten.

Meiner Meinung nach sollten Sie ...

... Ihre Arbeitszeit selbst festlegen,
... bestimmen, wo Sie wohnen möchten,
... bestimmen, mit wem Sie arbeiten möchten,
... und sich dafür entscheiden, was Ihren Ansprüchen, Ihrem Geschmack und Ihrem Lebensstil am besten entspricht.

Alles läuft darauf hinaus, dass Sie die freie Wahl haben sollten, je nach zur Verfügung stehender Zeit, je nach Freiheitsgrad und zur Verfügung stehendem Geld. Das Verblüffende dabei ist, dass je länger Sie in diesem Geschäft sind und je mehr Sie mit anderen über die ausgezeichneten Produkte Ihres Unternehmens und den damit für jeden Einzelnen verbundenen Vorteil sprechen, Ihr Geschäft umso stärker expandieren wird. Dadurch vergrößert sich auch Ihr persönlicher Entscheidungsfreiraum, Ihre Freiheit, Ihr Glück.

Es liegt in Ihrer Hand, Ihr Leben zu verändern. Darüber hinaus haben Sie einen großen Anteil an möglichen positiven Veränderungen im Leben anderer, wenn Sie die Produkte und die damit verbundene Geschäftsmöglichkeit weiterempfehlen. Es gibt sozusagen absolut nichts, worüber man sich Sorgen machen muss. Sie können in diesem Geschäftszweig wirklich alles verwirklichen. Eine harmonische Partnerschaft und eine liebevolle Beziehung. Sie können sich um Ihre Familie kümmern und ihr mehr Zeit und Aufmerksamkeit widmen. Und Sie können nebenher Karriere machen und ein stabiles Einkommen aufbauen. ***Als Frau haben Sie ganz einfach keine bessere Möglichkeit. Und Sie können diese Aufgabe voller Stolz und Freude angehen.***

Schauen wir uns doch einmal einen typischen Tagesablauf an: 8 Stunden Schlaf, 8 Stunden Arbeit, 2 Stunden für den Weg zur Arbeitsstelle und wieder zurück, kochen, putzen, einkaufen, Wäsche waschen, sich um die Kinder, den Ehemann, den Partner kümmern. ***Bleibt da noch Zeit für Sie übrig? Zeit, in der Sie das tun können, was Sie gerne tun möchten?***

Und wie sieht es an Ihrem Arbeitsplatz aus? Arbeiten Sie dort selbstständig? Haben Sie Entscheidungsbefugnis? Die Arbeitszeit wird Ihnen diktiert. Ihr Urlaub und Ihr Feierabend werden Ihnen auch diktiert. Und Ihre Leistung muss Ihren Chef zufrieden stellen. Inwieweit haben Sie Einfluss auf Ihr Dasein als Arbeitnehmer?

Sehen Sie, wenn Sie sich nebenher ein Geschäft aufbauen, dann liegt die ganze Sache nach kurzer Zeit ausschließlich in Ihrer Hand. Sie sind die Person, die bestimmt. Sie sind dann sprichwörtlich „Herrin über Ihr Leben“, Sie sind es, die entscheidet, Sie bestimmen über Ihre Zeit und Freiheit. Sie sind jedoch nicht auf sich alleine gestellt, sondern Sie genießen die Hilfe und Unterstützung Ihres Teams, der Menschen, mit denen Sie im Network zusammenarbeiten. Das ist eine tolle Sache! Sie sind der Boss. Ihr langweiliger, nervtötender, stressiger Job hat endlich ein Ende!

Jede Frau kann das erreichen. Sie müssen nur das Verlangen haben herauszufinden, wie es andere erfolgreiche Menschen angestellt haben und es ihnen dann nachmachen. Ihre Freunde im Team werden Sie dabei gerne unterstützen und begleiten. Sie können sich auch gerne an Don und mich wenden.

So funktioniert es ...

Die Produkte oder Dienstleistungen der meisten Network-Unternehmen zeichnen sich durch außerordentliche Qualität oder außerordentliche Leistungsfähigkeit aus. Es handelt sich um Produkte, die Sie nicht in einer Ladenkette oder im Supermarkt um die Ecke finden. Es sind einzigartige Produkte oder Dienstleistungen – sie machen einen Unterschied im Leben der Käufer oder Nutzer aus. An dieser Stelle möchte ich Ihnen gerne ein Beispiel für ein Produkt geben, das ich selbst benutze. Es handelt sich um ein Ernährungsprodukt, das – ohne Diät oder Übungsprogramm – den Stoffwechsel anregt, so dass Fett verbrannt und fettarmes Muskelgewebe aufgebaut wird.

Das ist nur ein Beispiel für Hunderte verschiedene Dienstleistungen, die helfen, Geld zu sparen, und eine große Anzahl verschiedener Produkte, die auf diesem Vertriebsweg direkt vom Lieferanten zum Kunden gelangen.

Was mich dabei so fasziniert, ist, dass ich Leute auf hochwertige Produkte oder Dienstleistungen aufmerksam mache, die mit Einsparmöglichkeiten verbunden sind, und ihnen gleichzeitig auch helfe, ihre finanziellen Möglichkeiten zu verändern.

Lassen Sie sich zuerst ausbilden ...

Am Anfang müssen Sie „zurück zur Schule", damit Sie alles über das Geschäft lernen. Natürlich müssen Sie nicht wirklich in eine Schule gehen, aber Sie müssen jede Woche ein paar Stunden für Ihre Ausbildung aufbringen, Bücher über Network-Marketing lesen, Audios hören und Videos anschauen. Sie holen sich dadurch alle Hintergrundinformationen und die Fähigkeit, anschließend wiederum andere Menschen ausbilden zu können. Dadurch werden Sie erfolgreich. Von Zeit zu Zeit sollten Sie an Trainingstreffen oder einem Gruppentraining teilnehmen. Sie werden alles lernen, um in diesem Geschäft erfolgreich zu werden.

Je mehr Sie anderen davon berichten, was Sie gerade kennen gelernt haben, desto mehr werden Sie Leute anziehen, die ebenfalls diese speziellen Produkte oder Dienstleistungen kennen lernen wollen. Und Sie werden erkennen, dass viele Menschen nach einer *einfachen* Möglichkeit – die mit *keiner* finanziellen Belastung verbunden ist – suchen, um dem eintönigen, finanziell wenig attraktiven Leben, das sie führen, zu entkommen.

Dieses Geschäft stellt für alle die Chance des 21. Jahrhunderts, ja sogar des nächsten Jahrtausends dar, um dem Alltagsstress und den finanziellen Engpässen zu entkommen.

Innerhalb von zwei bis fünf Jahren können Sie sich nebenberuflich ein Einkommen von ca. 1.500 bis 10.000,– EURO aufbauen. Vielleicht ist es weniger, vielleicht sogar noch etwas mehr – je nachdem, wie aktiv Sie sind.

Der Grundstein dazu liegt in Ihrer

Entscheidung: „Ja, ich fange an – ich mache es." Dies haben unzählige Frauen vor Ihnen auch gesagt und getan. Viele Frauen wählen heute den Weg in die Selbstständigkeit und werden Unternehmerinnen. Ihr eigenes und das Leben ihrer Familien erfährt dadurch einen gewaltigen Wandel. Sie beeinflussen dadurch ebenso das Leben ihrer Freunde. Diese Frauen übernehmen die Verantwortung für ihren eigenen Erfolg.

Dieses Geschäft ist sehr abwechslungsreich, und es macht viel Spaß. Leider haben viele Menschen – noch – eine falsche Vorstellung. Manche sind noch immer der Auffassung, es handle sich um ein Pyramiden- oder illegales Schneeballsystem. Wieder andere denken, man müsse von Tür zu Tür gehen und Waren verkaufen. Einige meinen, man müsse Waren einkaufen und auf Lager halten. Es gibt sogar Menschen, die meinen, dass man Hunderte von Mitarbeitern gewinnen müsse. ***Jede einzelne dieser Vorstellungen ist schlichtweg falsch!***

Viele Multi-Level-Marketing-Unternehmen mit gutem Ruf haben ausgezeichnete Produkte oder bieten eine außergewöhnliche Dienstleistung an, die jeden Tag benutzt oder in Anspruch genommen werden. Sie bewerben ihre Produkte jedoch nicht, und diese sind auch nicht in Läden erhältlich. Sie haben auch keine Vertreter – weder lokal, national oder international –, die diese Produkte (oder die vorteilhaften Dienstleistungen) dem Endkunden anbieten. Wie erfährt der Kunde denn überhaupt von diesen Produkten? Die Antwort lautet: ***Das Unternehmen bezahlt Sie dafür, dass Sie anderen Menschen von diesen Produkten und Dienstleistungen erzählen.***

Eines müssen Sie wissen: Bei illegalen Schneeball- oder Pyramidensystemen geht es nicht um Produkte oder Dienstleistungen. Deshalb sind sie illegal. Pyramidensysteme stellen sich als legale Geschäftsmöglichkeiten dar und verschleiern die Wahrheit. Hier liegt das Prinzip zugrunde, dass jeder – ähnlich wie bei einer Lotterie – einen bestimmten Betrag einzahlt, um dabei sein zu können. Er erhält aber für sein Geld keinen Gegenwert (also weder ein Produkt noch eine Leistung). Man verspricht jedem sofortigen Reichtum, ohne dass etwas dafür getan werden muss. Klingt das nicht ziemlich unglaubwürdig? Viel Geld, ohne etwas dafür tun zu müssen? Sicher, so kann es nicht funktionieren, das ist unmöglich. Bei diesen Pyramidensystemen geht es nicht um Vertrieb, es werden keine Produkte vom Hersteller zu den Kunden bewegt, die Kunden erhalten keine Rabatte und Provisionen, wenn Sie anderen dieses vereinfachte Franchise-System vorstellen.

Berufstätige Mütter haben selten Zeit, deshalb ist diese Einkommensmöglichkeit für sie ideal. Sie kann ganz bequem von zu Hause aus erfolgen. Mit einem durchschnittlichen Zeitaufwand von täglich einer Stunde informieren Sie andere über die Vorteile einer finanziellen Unabhängigkeit und die Möglichkeiten, sein Leben selbst bestimmen zu können. Sie leihen Bücher, Audios oder Videos aus, auf denen das erläutert wird, was man wissen muss. Sie helfen den Menschen, die ihr Leben ebenfalls verändern und ihr Geschäft starten möchten. Es ist wirklich absolut einfach.

Man kann es damit vergleichen, dass man einem Kind das Fahrradfahren beibringt. Zuerst kann das Kind nicht alleine fahren. Man muss ihm erklären, wie es geht, es ihm zeigen und ihm dabei helfen, indem man es festhält. Nach einer kurzen Zeit kann es das Kind dann alleine. Es fährt Rad. Und genau so ist es auch hier in diesem Geschäft. Es kann durchaus sein, dass einige Frauen bereits früher ein ähnliches Geschäft betrieben haben und dabei enttäuscht wurden. Oder ihre Träume wurden zerstört. Vielleicht haben sie sogar noch nicht benutzte Produkte im Schrank, Keller oder in der Garage. Unter Umständen sind sie sogar verbittert, weil es damals nicht geklappt hat. Wie startet jemand in dieser Position nun aufs Neue und versucht es nochmals?

Zuerst wollen wir einmal näher betrachten, wie es früher war. In den letzten vierzig Jahren haben sich sowohl die Unternehmen als auch deren Geschäftspraktiken enorm verändert. Nur die Veteranen unter uns, also diejenigen, die bereits zehn, zwanzig oder sogar dreißig Jahre dabei sind, haben einen Überblick darüber, mit welcher Vehemenz sich dieser Industriezweig entwickelt hat. Und die gute Nachricht, die wir daraus gewinnen, ist die, dass es niemals einfacher und sicherer war als heute, in diesem Geschäft zu starten und nicht enttäuscht zu werden. Der Grund ist ganz einfach darin zu finden, dass die erfolgreich tätigen Unternehmen und die besten Marketingspezialisten gute Arbeit geleistet haben, indem sie wirklich alles daran gesetzt haben, um die Schwachstellen des anfänglichen Direktverkaufs an den Endkunden zu eliminieren und das System insgesamt zu optimieren. Die Anforderungen und Methoden des heutigen Systems lassen sich nicht mit denen vor vierzig, dreißig oder zwanzig Jahren, ja noch nicht einmal mit denen vor fünf Jahren vergleichen. ***Heute beruht der Erfolg schlicht und einfach nur auf der Duplikation.***

Heute muss man beispielsweise keine Produkte mehr einkaufen und ein Lager unterhalten. Das ist heute nicht mehr nötig. In den Anfangszeiten ging es mehr um den Direktverkauf. Die Leute mussten Produkte einkaufen und sie dann wieder verkaufen. Nach diesem Schema wurden Avon- und Tupperprodukte vertrieben. Heute ist es so, dass Sie einen Teil Ihres Haushaltsgeldes nicht im Supermarkt ausgeben, sondern dass Sie Ihr Geld umleiten und für ganz bestimmte Produkte Ihren eigenen Lieferanten haben. Sie lassen sich gegen eine geringe Gebühr als Berater des Unternehmens registrieren, das die Produkte herstellt, die Sie gerne benutzen oder die Sie brauchen. Alles, was Sie dann noch tun müssen, ist Ihre Bestellung telefonisch aufzugeben, und Sie erhalten die Produkte innerhalb kürzester Zeit.

So einzukaufen ist einfach, nervenschonend und bequem, und man spart immens dabei. Lagerhaltung ist überflüssig. Anfangsinvestitionen sind nicht erforderlich. Sie sind ein cleverer Kunde und erwerben die Produkte direkt beim Hersteller. Es gibt keine Zwischenhändler, und deshalb entstehen in diesem Bereich auch keine Kosten. Durch das Weiterempfehlen der Produkte Ihres Lieferanten können Sie ein beträchtliches Einkommen erzielen.

Diese „Mund-zu-Mund-Propaganda“ ist die effizienteste aller Werbemaßnahmen. Sie beraten andere und berichten ihnen von den Vorteilen der Produkte und des Konzeptes, wobei diese Personengruppe dann ebenfalls die Produkte kauft. Um das Prinzip zu verdeutlichen: Jeder hat schon einmal einem Freund einen Kinofilm oder ein gutes Restaurant empfohlen und damit genau das Gleiche getan, nämlich eine Empfehlung ausgesprochen.

Alle Network-Unternehmen stellen ihren Partnern hervorragende Literatur und Audios oder Videos zur Verfügung, in denen die Vorteile der Produkte und des Konzeptes herausgestellt und der Marketingplan erläutert werden. Sie müssen sich darüber also absolut keine Sorgen machen. Alles, was für Sie wichtig ist, ist zu erfahren, wie gut die Produkte wirken, und zu verstehen, welches Potenzial im Vergütungsplan steckt.

Fachleute haben alle möglichen Tools und Ideen ausgearbeitet, die es Ihnen leichter machen, andere auf das Geschäft anzusprechen. Mit diesen Werk-zeugen werden Sie ausgebildet, sie helfen Ihnen beim Geschäftsaufbau und dabei, erfolgreich zu werden. Keiner muss das Rad neu erfinden, niemand Anzeigen schalten und Werbung machen, ein guter Geschäftsmann, Redner oder sonst noch was sein.

Sie müssen einfach nur Folgendes tun ...

... entwickeln Sie ein brennendes Verlangen danach, so viel Geld zu verdienen, dass Sie in der Lage sein werden, Ihr Leben Ihren Vorstellungen entsprechend verändern zu können,

... anfangen und die Produkte Ihres Unternehmens benutzen,

... „zur Schule“ gehen und sich ausbilden lassen, damit Sie wissen, was Sie tun müssen und was Sie besser nicht tun sollten,

... Ihr Wissen mit anderen teilen und andere unterstützen, teilen und unterstützen usw.

Und ganz genau wie in jedem anderen Geschäft auch:

... Geduld haben und nicht locker lassen

... im Geschäftsaufbau beharrlich sein, denn es wächst zuerst langsam und dann immer schneller.

Ist das schwer?

Alle, die bereits einen erfolglosen Versuch in dieser Branche gestartet haben, waren aus einem der nachfolgend genannten Gründe erfolglos.

Sie ...

... wussten nicht genau, worauf es ankommt oder wie lange es

dauern würde,
... erhielten keine richtige Ausbildung und wurden nicht richtig unterstützt,
... fanden nicht auf Anhieb das richtige Unternehmen mit den richtigen Produkten und Leistungen, die ihnen so gut gefielen, dass sie sie hätten weiterempfehlen können,
... sie glaubten weder an sich noch an ihren Sponsor.

Der Hauptgrund dafür, dass die meisten Frauen scheitern, ist in der Tatsache begründet, dass sie es sich nicht vorstellen können, dass sie sich mit Empfehlungsmarketing ein ansehnliches Einkommen aufbauen können und das auch noch nebenberuflich, von zu Hause aus, indem sie einfach auf diese bewährte Methode setzen. Und wenn Sie daran zweifeln, dann wird es Ihnen ebenso ergehen, Sie werden keinen Erfolg haben und bald aufgeben.

Der Erfolg stellt sich dann ein, wenn Sie einen weiteren Menschen getroffen haben, der dringend eine Möglichkeit sucht, finanziell unabhängig zu werden, und Sie ihm zeigen, wie es funktioniert, denn Empfehlungsmarketing ist für ihn die Chance seines Lebens.

Wenn Sie zweifeln, werden Sie aufhören und scheitern. Aber wenn Sie hartnäckig und ausdauernd bleiben und zu sich selbst sagen „Ich werde niemals aufhören – ganz gleich, wie lange ich dazu brauche!“, dann werden Sie mit diesem Geschäft die ersehnte finanzielle Sicherheit erreichen und Ihr eigener Chef sein.

Diese Branche hat Zukunft. Unser Erfolgssystem ist ausgereift und hat sich in der Anwendung immer und immer wieder bewährt. Tausende haben es umgesetzt.

Nun müssen Sie nur noch lernen, wie Sie selbst daraus Ihren Vorteil ziehen können. Die Vergütungspläne der Unternehmen dieser Branche bieten viele einzigartige Vorteile: Autos, Reisen zu exotischen Orten, Beiträge zu Ihren Hypothekardarlehen, großartige Bonifikationen, viele attraktive Prämien, und das alles zusätzlich zu Ihrem monatlichen Scheck.

Alle diese Einkommensmöglichkeiten sind materielle Dinge. ***Was jedoch wirklich zählt, ist, dass Sie Ihr eigener Chef in Ihrem eigenen Büro bei Ihnen zu Hause sind, dass Ihrem Einkommen***

und dem Spaß, den Sie haben, praktisch keine Grenzen gesetzt sind und dass alles in Ihren eigenen Händen liegt.

Eines steht fest: Es würden noch mehr Leute Erfolg gehabt haben und haben, wenn Sie begreifen würden, wie man smart und nicht hart arbeitet. Was ich damit meine? Ganz einfach, diese Menschen müssen eben lernen, wie man Spaß hat, und Leute suchen, die mehr aus ihrem Leben machen wollen und so offen sind, sich über die Geschäftsmöglichkeit zu informieren. Und dann können Sie auf Werkzeuge zurückgreifen, die diesen „Neuen" alles erklären und sie ausbilden.

Sie selbst investieren nur fünf Minuten, um herauszufinden, wie deren Träume aussehen. Anschließend lassen Sie die Werkzeuge fünf Stunden arbeiten, um den Interessenten aufzuzeigen, wie deren Träume wahr werden können.

All diejenigen, die sich mit Hilfe der vorhandenen Informationsquellen das große Bild abholen, werden von dieser Möglichkeit fasziniert sein und starten. Diejenigen, die zweifeln, werden weiter zweifeln und ihr stressgefülltes Leben in stiller Verzweiflung fortsetzen.

Ich glaube, Sie erkennen, dass Sie hier überhaupt nicht im Mittelpunkt stehen. Das heißt, dass das, was Sie in der Vergangenheit getan haben, überhaupt keine Rolle spielt. Im Mittelpunkt stehen die wirklich einzigartigen Produkte (und der Nutzen, den sie bringen), ein solides Unternehmen, ein Konzept und einfache Werkzeuge, die dazu beitragen, von diesem ausgereiften Marketingsystem profitieren zu können, indem man genug Geld verdient, um sich und der ganzen Familie den gewünschten Lebensstil zu ermöglichen. Das System funktioniert immer. ***Der einzige Fehler, der begangen wird, ist darin zu sehen, dass manche Menschen das System nicht lange genug wirken lassen oder nicht richtig arbeiten und deshalb die gewünschte finanzielle Unabhängigkeit eben einfach nicht erreichen können.***

Das Hauptproblem ...

Einem Großteil aller Frauen gelingt es nicht, das System zu duplizieren und so ihre Organisation wachsen zu lassen. Das führt zu Frustration und Fehlschlägen.

Unter Duplikation verstehe ich, dass eine Frau eine andere darin ausbildet, wie man eine weitere Person ausbildet. So erkläre ich zum Beispiel Mary, wie Empfehlungsmarketingfunktioniert. Dazu nutze ich die vorhandenen Werkzeuge. Und dann bringe ich Mary bei, wie sie Sue die Werkzeuge und den mit dieser Branche verbundenen Lebensstandard vorstellt, indem sie ganz einfach wieder die selbsterklärenden Werkzeuge benutzt. Wenn dann sowohl Mary als auch Sue wissen, wie sie dieses Wissen weitergeben können und die beiden weiteren Personen sponsern, dann habe ich mich mindestens auf drei oder vier Ebenen dupliziert.

Jedes Mal, wenn ich auf eine neue Interessentin stoße, die ihr Leben selbst bestimmen möchte, wiederhole ich das bekannte Verfahren. Wieder und immer wieder. Ich dupliziere mich. Und jede Person, die es mir gleichtut, wiederholt es auch. Diese kontinuierliche Verdoppelung wächst exponentiell. Nach einer Weile kommt es zu einer echten Explosion. Letztendlich ist ein großes Geflecht entstanden, ein Netz von Personen, die alle ihre Produkte direkt vom Hersteller beziehen und das Konzept nutzen.

Dabei kommt ein Scheck in Höhe von ein paar Hundert Euro monatlich heraus oder einer, der später eventuell sogar sechsstellig werden kann. Wenn Sie es erst einmal verstanden haben, dann wird Ihr Geschäft in der Tat so schnell anwachsen, dass Sie, selbst wenn Sie es wollten, die Expansion nicht mehr aufhalten können. Und das ist nicht deshalb so, weil Sie alleine all diese Menschen gefunden haben. Es ist deshalb so, weil Sie Ihr Wissen mit anderen geteilt und ihnen gezeigt haben, wie man dieses Wissen weitervermittelt. Und genau das haben diese Personen anschließend getan, und alle wissen ganz genau, dass es hier nicht um das Verkaufen geht. Es kommt darauf an, anderen zu zeigen, welchen Nutzen sie haben, wenn sie diese außergewöhnlichen Produkte direkt vom Hersteller beziehen, das Konzept nutzen und mit einem Arbeitseinsatz von fünf bis zehn Stunden wöchentlich eine finanzielle Unabhängigkeit erreichen können, oder eine finanzielle Eigenständigkeit, wenn Ihnen dieser Ausdruck besser zusagt.

Wie stark würde sich das auf Ihre Selbstachtung und Ihr Leben insgesamt auswirken?

Hier geht es nicht um den Verkauf ...

Hier geht es nicht um das Anwerben von Partnern, die anschließend *ausschwärmen* und verkaufen. Die meisten Menschen möchten überhaupt nicht verkaufen. Hier passiert genau das Gleiche, was passiert, wenn Sie Freunden Ihr Lieblingsrestaurant empfehlen. Sie teilen anderen Menschen Ihre Begeisterung über den Nutzen, der sich aus dieser Arbeit und dem damit verbundenen Lebensstil ergibt, mit. Verkaufen macht keinen Spaß.

Wenn Sie das Geheimnis über die Quelle allen erreichbaren Reichtums voller Begeisterung lüften, dann werden Sie selbst erst so richtig aufdrehen. Ich denke hier an eine ältere Dame, die sich vor Enthusiasmus fast nicht mehr halten konnte.

Sie selbst möchten die Verantwortung für Ihre Zukunft in die Hände nehmen. Genau so ergeht es sehr vielen anderen Frauen, glauben Sie mir. Indem man einer weiteren Frau zeigt, wie auch sie die Verantwortung für ihr Leben übernehmen kann und diese es dann einer weiteren Frau zeigt, die ebenfalls etwas mehr Kontrolle über ihr Leben und etwas mehr Freiheit haben möchte, wird eine Kettenreaktion ausgelöst, die an hintereinander geschaltete Knallkörper erinnert. Und dies umso mehr, wenn Sie von positiv denkenden Menschen umgeben sind, die ein brennendes Verlangen haben, und Gleichgesinnten, die bereits erfolgreich sind.

Suchen Sie den Kontakt zu allen erfolgreichen Mitgliedern Ihrer Gruppe oder Ihres Partnerunternehmens. Es gibt keinen besseren Ansporn und keine größere Motivationsquelle für Sie. Nichts macht bereits erfolgreichen Mitgliedern mehr Freude, als anderen zu helfen, auch an die Spitze zu kommen und erfolgreich zu werden. Vergleichen Sie das doch einmal mit einem normalen Arbeitsplatz, wo „gesägt“ wird, damit ja kein anderer weiterkommt.

Wie lange es dauern wird?

Ihre Erwartungen sollten realistisch sein. In der Regel dauert es neben-beruflich – bei einer Stunde täglich – sechs bis zwölf Monate, um das

Geschäft kennen zu lernen und zu verstehen. In der Regel braucht ein Nebenberufler (bei einer Stunde pro Tag) ein bis drei Jahre. In dieser Zeit gibt er sein Wissen weiter, sponsert und unterstützt andere und kann dann ein monatliches Einkommen von ca. 2.000,– Euro bis 10.000,– Euro erreichen.

Es hängt ausschließlich davon ab, wie konsequent Sie das, was Sie erreicht haben, an andere Personen weitervermitteln und wie viel Zeit Sie aufzubringen bereit sind. Ihr eigenes Ergebnis kann sehr viel besser oder schlechter sein, je nachdem, wie stark Sie sich engagieren und wie aktiv Sie sind. Denken Sie ganz einfach einmal darüber nach, ob Sie mit der Tätigkeit, die Sie momentan ausüben, in einigen Jahren so viel Geld verdienen können – und das auch noch nebenberuflich.

Mir fällt an dieser Stelle ein junges Mädchen ein, das gerade das College beendet hatte. Ihre Eltern waren sehr erfolgreich im Network tätig und von daher wusste sie, welcher Lebensstandard damit verbunden sein kann. Nach der Schule lag ihr nichts daran, einen Arbeitsplatz zu suchen und dann jeden Tag zur Arbeit zu pendeln, Tag für Tag an ihrer Karriere zu basteln und zu versuchen, die Leiter langsam hochzuklettern.

Statt dessen entschloss sie sich, im Network zu starten. Sie arbeitete Vollzeit, gab das erworbene Wissen weiter und lehrte andere, wie das System funktioniert. Zwei Jahre später erhielt sie Schecks über 35.000 Euro. Sehen Sie, sie wusste, dass das System funktioniert. Sie kannte keinen Zweifel und keine Ängste. Sie sprang einfach hinein. Sie gab Gas, und zwar so viel sie konnte. Die Schecks in dieser außergewöhnlichen Höhe waren das Ergebnis ihres brennenden Verlangens, ihres Glaubens, ihres Engagements und beharrlicher Arbeit. Sie eignete sich eine einfache und effiziente Fähigkeit an: Wissen teilen, sponsern, lehren und unterstützen. Diese vier Aktivitäten gründen auf der Sorge um andere.

Sie sorgte dafür, dass viele andere die nützlichen Produkte ihres Unternehmens und das Konzept kennen lernten. Sie half auf diese Weise vielen anderen erfolgreich zu werden. Das machte sie letztendlich selbst erfolgreich.

Wirklich jede Frau kann ihren oder meinen Erfolg kopieren. In dieser Branche kann jede erfolgreiche Frau kopiert werden.

So sehen Ihre Alternativen aus ...

Schauen Sie sich doch einmal unsere heutige Gesellschaft etwas näher an. Schauen Sie, wie viele Frauen und Mütter berufstätig sind. Wer zieht die Kinder groß? Das ist wirklich traurig, denn heute werden die Kinder meistens von Personen aufgezogen, die nicht die Liebe und Sorge um ihr Wohlbefinden aufbringen können wie die eigenen Eltern. Leider wirkt sich dies bei diesen Kindern sehr oft negativ aus, und es beeinflusst ihr späteres Leben in einer sehr abträglichen Weise.

Dieses Geschäft ist das einzige, das ich kenne, das es Frauen erlaubt, sich in einer Zeitspanne von ein bis fünf Jahren ein Einkommen aufzubauen, das es ihnen ermöglicht, zu Hause zu bleiben und sich um ihre Kinder zu kümmern. Daraus resultiert ein Einkommen, das einen substanziellen Beitrag zum Familieneinkommen darstellt. Und das kann in Ihrer Familie, in Ihrer Partnerschaft, in Ihrer Ehe und in Ihrer Brieftasche einen riesigen Unterschied ausmachen. DasEmpfehlungsmarketingkann unseren Planeten für unzählige Familien weitaus liebenswerter und angenehmer machen.

Leben Sie an dem Ort, an dem Sie gerne leben möchten?

Da ich gerade beim Thema bin, was halten Sie von Ihrem derzeitigen Wohnort? Heute ziehen sehr viele Menschen weg aus den verschmutzten Städten, sie ziehen aufs Land, in kleine Städte oder Dörfer. Das Zeitalter der Faxgeräte, des Telefons, der schnellen Internetverbindungen, E-Mails und der Telefonkonferenzen macht es einer steigenden Zahl von Familien möglich, sich aus dem geschäftigen Treiben zurückzuziehen und sich in kleineren, ruhigen, friedlicheren Gemeinden niederzulassen. Sie schalten lieber einen Gang zurück. Sie ziehen es vor, in einer sicheren Nachbarschaft zu wohnen und ihre Kinder in Schulen zu schicken, in denen es keine Gewalt gibt. Sie alle streben nach einer angenehmeren Atmosphäre. Sie legen Wert auf gute

Nachbarschaft, in der sich der eine um den anderen kümmert und in der Werte wie Familie, Gemeinschaft und Lebensqualität noch mit Sinn erfüllt sind. Derzeit findet ein regelrechter Exodus aus den großen Städten statt.

Und auch hier: Unsere Branche löst das Problem. Sie bietet den Menschen die finanzielle Perspektive, das Vehikel, die Möglichkeiten, das Ruder, um sich – ganz gleich wo – ein Einkommen aufzubauen, das es ihnen ermöglicht, genau das Leben zu führen, das sie führen wollen. Es gibt kaum eine andere Möglichkeit, noch dazu eine so einfache, gleichzeitig jedoch so effiziente wie diese, um die gesetzten Ziele zu erreichen. Diese Erfahrung machen jeden Monat Tausende Menschen. Und so sollte unsere Welt eigentlich auch sein. Eine Welt, in der einer dem anderen hilft, erfolgreich zu sein. Durch ein Einkommen, das viele dadurch erreichen, dass sie mit anderen teilen, werden die Menschen frei und können sich um Dinge, die ihnen wichtig sind, kümmern. Sie haben endlich Zeit für ihre Familien, für kirchliche, allgemeine oder umweltpolitische Dinge.

Denken Sie daran: Um all diese Dinge können Sie sich nur dann kümmern, wenn Sie sehr viel Freizeit haben, und auch nur dann, wenn Geld kein Hindernis für Sie darstellt. Dies geht bei den meisten Arbeitsplätzen, traditionellen Geschäften und Franchise-Möglichkeiten nicht. Dieses Geschäft stellt eine Kombination aus Spaß, der Gemeinschaft mit Freunden und finanzieller Freiheit dar. Und das alles in einem.

Aus dem Nichts zum Wohlstand ...

Als Don und ich in dieser Branche angefangen haben, hatten wir sprichwörtlich nichts. Alles, was wir hatten, war ein klappriges Auto und eine winzige Wohnung. Wir hatten zwei kleine Söhne, und wir arbeiteten wie die Verrückten.

Heute frage ich immer nach, was Menschen mit ihrem Leben machen werden, wenn sie es einmal selbst bestimmen können. ***In dieser Branche können Sie genau der Mensch sein, der Sie gerne sein möchten. Sie können die Kleidung tragen, die Sie gerne tragen. Sie können auch immer dorthin gehen, wo Sie hingehen möchten.***

Ich kann mich noch sehr gut an unser erstes Meeting, in dem wir mit der Geschäftsmöglichkeit bekannt gemacht wurden, erinnern. Der Sprecher sagte uns, dass er uns an den Stränden dieser Erde wiedersehen würde. Ich sagte dann zu Don, dass ich gerne alle Strände dieser Erde sehen würde. Damals hatten wir jedoch am Monatsende zu wenig Geld, um alle Rechnungen zu bezahlen. Es war uns klar, dass es etwas Besseres geben musste.

Und dann fingen wir Feuer. Als wir dann erfolgreich waren, als wir es geschafft hatten, wurde es unsere Mission, so vielen Leuten wie nur irgend möglich zu zeigen, wie auch sie es schaffen können. Und wenn Sie es dann geschafft haben, dann wollen Sie es auch anderen mitteilen, und zwar Ihren Freunden und Verwandten, jenen Menschen, denen Ihre Sorge gilt.

Heute steigen immer mehr junge Leute ein. Der Grund ist der, dass sie, nachdem sie vier bis sechs Jahre weiterführende Schulen besucht oder studiert und 40.000 bis 100.000 Euro in ihr Diplom investiert haben, keinen adäquaten Arbeitsplatz finden. Das ist mehr als erschreckend.

Viele gelernte Arbeiter und ebenso viele Angestellte sind heute arbeitslos. Es macht keinen Unterschied, ob man an einer Werkbank steht oder am Schreibtisch sitzt. Der Kampf um die Arbeitsplätze ist gnadenlos. Deshalb sind sehr viele Menschen offen für die Möglichkeiten, die das Arbeiten von zu Hause aus bietet, und nutzen diese.

Ich möchte Ihnen von meiner Freundin Mary erzählen, die im Süden Kaliforniens lebt. Mary ist wirklich einzigartig. Sie zieht sich niemals großartig an. Im Gegenteil, sie hasst es geradezu. Sie kümmert sich um ihre Kinder. Sie arbeitet in der komfortablen Atmosphäre ihres Hauses und erzielt so ein sechsstelliges Einkommen. Sie ist zu Hause, kümmert sich um ihre Kinder, tut das, was sie tut, sehr gerne und muss sich niemals stylen. Sie führt ein total legeres, ruhiges Leben. Das ist doch faszinierend, oder?

Als Marys Einkommen sechsstellig wurde, konnte ihr Mann Michael endlich seinen stressigen Job aufgeben. Nun arbeiten beide zusammen in dem Geschäft. Das ist ein wahrer Segen. Sie verbringen ihre Zeit miteinander und mit den

Kindern und haben ausreichend Geld, um ihr Leben so zu gestalten, wie sie es möchten. Wenn sie verreisen, dann zusammen als Familie. Toll!

In der Lage zu sein, mit dem Partner seiner Wahl zusammenzuarbeiten, Seite an Seite, und so viele gemeinsame Erfahrungen zu machen, das ist eine wirklich einzigartige und wunderbare Sache. Sie verbringen Ihre Zeit mit den Menschen, die Ihnen am Herzen liegen, für die Sie sorgen.

Ich weiß nicht, wie das bei Ihnen ist, aber als ich früher angestellt war, war ich von einem Teil der Leute, mit denen ich zusammenarbeitete, nicht gerade begeistert. Manche Chefs brachten mich auf die Palme. In unserer Branche arbeiten Sie für die Leute, für die Sie gerne arbeiten möchten. Für die, die Sie sponsern. Sie haben die Wahl. Wenn Sie nur mit positiven Menschen voller Energie arbeiten möchten, dann können Sie das tun.

Ich erinnere mich gut an meine Zeit als Angestellte. Ich musste den ganzen Tag mit vielen negativ denkenden, schlecht gelaunten Menschen zusammenarbeiten. Das gehört jetzt der Vergangenheit an.

Im Network können Sie sich leger kleiden. Oder sich gut anziehen. Das macht keinen Unterschied. Sie können so oder so erfolgreich sein. Mein Mann Don hat vor vielen Jahren seine Liebe zu Hawaii-Hemden entdeckt. Jetzt trägt er nur noch Hawaii-Hemden, ganz gleich, wo wir sind.

Mir fällt eine Frau ein, die mich nach einem Seminar in Manhattan ansprach. Sie sagte: ***„Oh, Nancy, ich kann das, was Sie sagen, wirklich nachempfinden. Ich bin stellvertretende Direktorin einer Bank im Herzen von Manhattan. Ich verdiene über 100.000 $ im Jahr. Aber ich habe wirklich absolut keine Zeit mehr, die Dinge zu tun, die ich gerne tun möchte.“ Und sie fuhr fort: „Ich wünsche mir nichts sehnlicher als eine eigene Familie.“*** Und sie erzählte mir, dass sie nicht einmal die Zeit habe, eine Beziehung einzugehen.

Können Sie mir sagen, worin der Sinn eines solchen Lebens liegt? Sie musste dann schnell weg, weil sie am nächsten Morgen sehr früh eine Maschine nach Chicago nehmen musste. Ihr Leben gehörte der Bank, und dafür arbeitete sie 60 bis 70 Stunden die Woche. Sie verdiente recht gut. Der wahre Grund, warum sie dann nebenberuflich im Network anfing, war, dass sie wusste, dass sie hier ein sehr gutes Einkommen erzielen konnte, und dass es wirklich keine Grenzen gibt. Und sie gab auch den eigentlichen Grund zu: ***„Ich möchte so viel Zeit haben, dass ich mein Leben so führen kann, wie ich es will.“***

Immer mehr stressgeplagte, erfolgreiche Mitarbeiter großer Unternehmen steigen im Empfehlungsmarketing ein. Und diese Menschen bringen ihre Erfahrung aus den anderen Bereichen mit ein.

Unsere Branche ist die einzige Industrie, die Ihnen alles geben kann. So viel Zeit und so viel Geld, dass Sie persönlich ein erfülltes und lohnendes Leben führen können. Ganz gleich, wohin ich komme, immer treffe ich auf Leute, die unter Stress leiden. Dieser Stress zermürbt und tötet viele Menschen.

Ich weiß nicht, wie es Ihnen erging, aber ich wurde mit der meinen Eltern eigenen Arbeitsmoral erzogen: Arbeite im Schweiße deines Angesichts und schufte von früh bis spät, und du wirst erfolgreich. Das Traurige daran ist, dass wir alle wissen, dass dies heute nicht mehr gilt.

Ich denke an dieser Stelle an eine ältere Dame, die auf mich zukam und mir Folgendes sagte: ***„Ich war über dreißig Jahre für dasselbe Unternehmen tätig. Mein ganzes Leben. Ich habe nie geheiratet. Ich hatte keine Familie. Diese Firma war mein Leben.“*** Sie war gekündigt worden. Loyalität zwischen Arbeitgeber und Arbeitnehmern gehört schlichtweg der Vergangenheit an.

Heute verändern die Kommunikationsmöglichkeiten unsere Welt außer-ordentlich. Seit den Neunzigern müssen Sie nicht mehr hart arbeiten. Sie müssen lernen, wie man „smart“ arbeitet. Das ist der neueste Trend. Die Entwicklung geht eindeutig in Richtung „Arbeiten von zu Hause aus“. Falls ein Mitglied Ihrer Familie oder jemand, auf dessen Meinung Sie sehr großen Wert legen, diese Vision noch nicht hat, so machen Sie sich deshalb keine weiteren Sorgen. Früher oder später funkt es auch bei ihr oder ihm. Fangen *Sie* erst einmal an. Glauben Sie mir, die anderen holen sich früher oder später das große Bild ab, zumindest dann, wenn die großen Schecks in Ihren Briefkasten flattern.

Auf den richtigen Zeitpunkt kommt es an ...

Jetzt ist genau der richtige Zeitpunkt, um einzusteigen. Das Geschäft explodiert. Die Leute werden sehr bald nicht nur alles über Empfehlungsmarketing wissen, sie werden alles unternehmen, um auch mit dabei zu sein. Sehen die Zweifler erst einmal, wie sich *Ihr Einkommen und Ihr Lebensstil verändern,* dann glauben auch sie daran. Es genügt, wenn ein Familienmitglied die richtige Vision hat. Nur darauf kommt es an.

Der größte Wunsch vieler älterer Menschen ist der, ihre Enkelkinder öfter zu sehen. Die Zeit dazu haben die meisten von ihnen, was jedoch fehlt, ist Geld, zum Beispiel für die Fahrtkosten. Viele ältere Menschen starten im Empfehlungsmarketing und erzielen recht bald ein zusätzliches Einkommen, mit dem sie sich einen Teil ihrer Träume erfüllen können. Welche andere Branche kann Ihnen das bieten?

Es entspricht meiner tiefen Überzeugung, dass (fast) jeder, der diese Branche richtig versteht, auch in diesem Bereich tätig wird. Genauso wichtig ist, dass er auch daran glaubt. Einige tun es des Geldes wegen, wieder andere wegen der hochwertigen Produkte, die sie direkt ins Haus geliefert bekommen.

Ich sehe Ihre Aufgabe darin, so vielen Menschen wie nur möglich zu helfen, dies zu verstehen. Wir alle wissen, dass diese Industrie viel Geld bietet. Einige von ihnen müssen vielleicht ihren Fokus noch ein wenig zurechtrücken. Sie müssen lernen, schneller und „smarter“ zu arbeiten, d. h. lernen, wie man andere mit dem Konzept und den Werkzeugen bekannt macht.

Auch ich kann mich noch sehr gut an die Zeiten erinnern, als morgens um sechs Uhr der Wecker klingelte. Ich musste aufstehen und eine dreiviertel Stunde mit meinem Auto durch den Berufsverkehr fahren, um zu meinem Arbeitsplatz zu gelangen. Ich weiß aus eigener Erfahrung, was „sein Leben selbst bestimmen“ bedeutet.

Wissen Sie, Empfehlungsmarketing steht für Freude,

Freunde und finanzielle Freiheit. Und ist das nicht genau das, wonach sich wirklich jeder sehnt? Nicht nur für sich selbst, sondern auch für Ihre Familie, Freunde und für alle Menschen, die einem am Herzen liegen.

Die Menschen, die in dieser Branche arbeiten, haben die freie Wahl. Sie können morgens entweder aus dem Bett fallen oder sich ganz einfach noch einmal umdrehen. Der Unterschied liegt im passiven Einkommen. Und jeder kann diese Chance nutzen. Jeder kann die Vision haben, in diesem Leben noch etwas Größeres vollbringen zu wollen. Absolut jede Frau hat genug Zeit und Geld, um etwas Wichtigeres zu tun als das, was sie gerade tut, wenn sie es ganz einfach deshalb tun muss, um am Monatsende ihr Gehalt zu bekommen.

Deshalb ist das Größte, was einem in seinem Leben passieren kann, das Erkennen der Möglichkeiten, die sich in dieser Branche offenbaren.

Bringen Sie Ihr Leben ins Gleichgewicht ...

In diesem Industriezweig befinden Sie sich in der Balance. Und es tut wirklich gut, im Gleichgewicht zu sein. Den meisten Menschen geht es jedoch anders. Sie arbeiten pausenlos. Sie pendeln zur Arbeit. Sie verrichten diese Arbeit. Und was machen sie mit dem Rest des Tages? Sie beschweren sich. Gehen Sie mal in irgendein Cafe und hören Sie dort den Gesprächen zu. Sie hören nur Negatives.

Diese Äußerungen stammen von Menschen, die es leid sind, nicht das Gehalt zu bekommen, das sie wirklich wert sind. Sie sind ausgelaugt und gestresst. Aber das muss nicht so sein ...

Aus diesem Grund werden Sie es vielleicht – wie ich auch – als Ihre Mission empfinden, diesen Menschen eine bessere Einkommensmöglichkeit aufzuzeigen. Sozusagen das Geschenk des Lebens. Wo sonst haben Sie die Chance, so viel zu verdienen, so viel Freiheit zu genießen und die Dinge zu tun, die Ihnen wichtig sind.

Diese Branche ist total auf das Individuum ausgelegt. Sie ist wirklich speziell auf jede einzelne Person zugeschnitten. Was immer Sie sich vom Leben erhoffen, ganz gleich, wie Ihr Beitrag zum Leben sein soll. Sie werden genug Zeit und

Geld haben, es zu tun. Das ist doch total begeisternd, oder?

Wie lauten Ihre Ziele?

Damit ich diese Botschaft einem noch größeren Personenkreis nahe bringen kann, ist eines meiner Ziele, eine wöchentliche Sendung für das Kabelfernsehen zu produzieren, die den Titel „Der Lebensstil reicher und freier Menschen“ haben soll. Sie kennen Sendungen dieser Art. In meiner eigenen würde ich erfolgreiche Network-Berater interviewen, die ihr Geschäft von zu Hause aus betreiben. Ganz normale Menschen wie Sie und ich. Ich habe vor, sie zu befragen, wie ihr Leben vorher aussah, als sie es noch nicht selbst bestimmt haben. Und dann werde ich sie erzählen lassen, wie es heute aussieht.

Die Zuschauer können dann eine Verbindung zu ihrer eigenen Situation, zu ihren eigenen Erfolgschancen herstellen, denn die bereits Erfolgreichen kommen aus allen Schichten. Sie haben ihr Geschäft einfach gestartet und damit für sich und ihre Familien einen attraktiven Lebensstandard geschaffen.

Bei einer unserer letzten „Unconvention Fun Session“ in Las Vegas stellte ich einigen Singles und Paaren Fragen in dieser Richtung. Es war wirklich toll, welche Antworten ich bekam. Sie erzählten mir von Traumhäusern und Traumwagen, die jetzt ihnen gehören. Am meisten freute mich zu hören, dass ein neues Heim für Kinder geschaffen worden war. Ich habe mich mit einem Mann unterhalten, der in Brasilien Flüsse vor der Verschmutzung rettet. Viele Leute engagierten sich auf die eine oder andere Weise im Umweltschutz.

Es gab Leute, die jetzt endlich Zeit dafür fanden, in ihrer Kirchengemeinde aktiv zu werden. Ein Anwesender konnte jetzt politische Aufgaben wahrnehmen. Sie alle konnten Dinge tun, die in ihrem eigenen Leben, aber auch im Leben vieler, vieler anderer Menschen einen Unterschied ausmachten.

Im Empfehlungssystem schenkt man dem Einzelnen mehr Beachtung, kümmert man sich sehr um den anderen. Wir zeigen den Leuten einen Weg, wie sie mehr aus ihrem Leben machen können, wodurch sich das Leben jedes Einzelnen automatisch verbessert.

Die Produkte und Dienstleistungen, die von den Unternehmen dieses Industriezweigs vertrieben bzw. angeboten werden, sind als zusätzlicher Bonus zu betrachten.

Es handelt sich ausschließlich um äußerst hochwertige Produkte. Durch sie sehen wir besser aus, wir fühlen uns besser, und wir haben mehr Energie. Sie machen das Leben einfacher und angenehmer.

Im Empfehlungsmarketing können Sie nicht absehen, woher Ihr nächster neuer Freund kommen wird. Sie lernen Menschen aus allen gesellschaftlichen Kreisen kennen. Sie kennen heute die Quelle, aus der Ihr nächster bester Gedanke entspringen wird, noch nicht. Und das ist ein weiterer Grund, der für diese Geschäftsidee spricht: Sie lernen jeden Tag etwas Neues hinzu und wachsen dadurch in Ihrer persönlichen Entwicklung. Sie gewinnen Selbstvertrauen.

Die Menschen, die weiterhin einfach ihre Arbeit verrichten und mit denselben negativen Menschen zusammenkommen, können niemals Erfahrungen dieser Art machen. Sie wachsen nicht, und sie haben leider keine Möglichkeit, eine derartige Begeisterung für das Leben zu entwickeln.

Spätestens jetzt ist Ihnen bewusst, dass ich total begeistert vom Empfehlungsmarketing bin. Der Grund dafür ist, wie ich bereits sagte, dass ich mein Leben früher nicht selbst bestimmt (oder „besessen") habe. Ich hatte viele langweilige Jobs, ohne Aussicht auf eine Karriere. Jobs, für die ich nicht das Gehalt bekam, das ich in Wirklichkeit verdient hätte.

Auf der Jagd nach Erfolg ...

In den Siebzigerjahren kam das Buch „Dress for Success" auf den Markt. Wie ich, lasen sehr viele Frauen dieses Buch. Nun, als ich es durch hatte, bin ich – wie Tausende anderer Frauen auch – Einkaufen gegangen und habe mir ein paar klassische Kostüme in dezentem Grau und einen Aktenkoffer aus Leder besorgt. Wir haben uns so gekleidet, dass wir kultiviert, gebildet und intellektuell aussahen. Als wir Frauen in den Siebzigerjahren dann zu Tausenden in Unternehmen eintraten, war uns sofort eines klar: Es gab für die männlichen Kollegen, die eine leitende Position anstrebten, nicht genug freie Stellen, ganz zu schweigen für die Scharen von Frauen, die sich nun um diese Positionen bewarben.

Auch heute gibt es nur einen einzigen Vorstandsvorsitzenden. Es gibt Mitglieder des Vorstands oder stellvertretende Mitglieder und einige Mitarbeiter, die höhere Positionen bekleiden. Aber ansonsten gibt es nur Angestellte. Ich weiß nichts von Ihrem Arbeitsplatz. Aber dort, wo ich arbeitete, war es ganz einfach so, dass viele sich damit abfanden, im Hamsterrad gefangen zu sein, und sich damit abfanden, dass außer Mittelmäßigkeit nichts geboten war. Sie taten genau so viel, wie nötig war, um ihr Gehalt zu bekommen und nicht gekündigt zu werden. Aber heute ist es so, dass viele dieser Leute dennoch gekündigt werden, oder nicht?

Und dann gab es noch eine weitere Gruppe, diejenige mit Zielen und Wünschen, die vorankommen wollte. Und diese Gruppe wurde total frustriert. Es gibt ganz einfach nicht genug Platz für alle ehrgeizigen Männer und Frauen, die gerne an der Spitze eines Unternehmens stehen möchten.

Wenn man dies auf unsere Branche überträgt, erkennt man, dass alle an die Spitze des Vergütungsplans gelangen können.

Dort ist für jeden Platz. Es gibt keine Zugangsbeschränkungen. Niemand hält Sie auf. Alles, was Sie tun müssen, um dorthin zu kommen, ist, Ihr Geschäft weiter auszubauen, damit es die Größe annimmt, die Sie für richtig erachten.

In dieser Branche bestimmen Sie, ob Sie aufsteigen wollen oder nicht. Heute, das kann ich Ihnen sagen, heute erhalte ich das Gehalt, das ich verdiene. Möchte ich etwas mehr verdienen, dann verschicke ich einfach mehr Audios, Videos, Bücher und Informationsmaterial. Und bald entscheiden sich ein paar Frauen mehr, mit mir zusammenzuarbeiten. Deren Einkommen steigt und meines damit auch.

Immer, wenn Sie etwas mehr verdienen möchten, gehen Sie genau so vor. Wenn Sie auf der Suche nach einer Versicherung gegen Stress sind, wenn Sie bei Beförderungen nicht übersehen werden wollen, wenn Sie sich vor einer Kündigung schützen wollen, dann stellt

das passive Einkommen, das Sie im Empfehlungsmarketing erwirtschaften, einen solchen Schutz dar.

Mein Mann Don musste sich einer größeren Herzoperation unterziehen. Während er sich davon erholte, unterbrachen wir unsere Tätigkeit für einen ganzen Monat. Ist Ihnen bewusst, dass wir am Ende des Monats einen noch wesentlich höheren Provisionsscheck erhielten als im Monat davor? Und wir konnten überhaupt nichts tun. Ist das bei Ihrer Arbeit auch so? Arbeiten Sie auch in einem Geschäft, wo das der Fall ist?

Wenn Sie Ihr Geschäft erst einmal aufgebaut haben, dann können Sie das Wachstum nicht mehr aufhalten, selbst wenn Sie es wollten. Das ist wie wenn Sie einen Schneeball vom Gipfel eines Berges in Bewegung setzen. Zuerst braucht es etwas Anstrengung, bis es in Schwung kommt. Aber nach einer Weile fängt es an, von alleine weiterzulaufen. Und etwas später nimmt es ganz von alleine ungeahnte Ausmaße an. Es wird ständig größer. Die Höhe der Schecks steigt gleichermaßen. Dieses zusätzliche Einkommen können Sie investieren. Und somit wird sich Ihr Vermögen stets vergrößern.

Mein Freund Jerry ist nur in Golfhosen und Golfschuhen anzutreffen. Er sagt, dass er, wenn er sein Leben einmal selbst besitzt, jeden Nachmittag auf dem Golfplatz sein wird. ***Was würden Sie tun, wenn Zeit und Geld keine Rolle mehr spielen würden?***

Eine Freundin von mir, sie heißt Jane, liebt Pferde über alles. Seit auf ihrem Scheck eine fünfstellige Zahl steht, besitzt sie einen ganzen Stall mit Lieblingspferden. Unsere Branche hat es ihr ermöglicht, dann Reiten zu gehen, wenn sie es möchte.

Genug Zeit und alle Freiheiten ...

Sehen Sie, wir sprechen hier viel über Freizeit. Wie sieht es damit im Moment bei Ihnen aus? Können Sie es sich, falls Sie in einer herkömmlichen Branche arbeiten, leisten, jeden Nachmittag freizunehmen? Oder können Sie einen ausgedehnten vierwöchigen Urlaub machen? Oder können Sie, falls Sie eine Praxis haben, diese einfach sechs Wochen schließen, um sich die bekanntesten Ruinen und all die historischen Kunstwerke und Kunstschätze anzusehen?

Denken Sie einmal über Folgendes nach: ***Wo sonst – außer in diesem Geschäft – erhalten Sie ein wirklich passives Einkommen und so viel Freizeit, wie Sie nur möchten?*** Dies ist einer der wichtigsten Gründe, warum Menschen sich dafür entscheiden. Damit sie in der Lage sind, ihr Leben selbst „zu besitzen“, d. h. selbst Entscheidungen treffen zu können. Das Leben geht ziemlich schnell vorbei, oder? Schneller jedenfalls, als wir es manchmal zugeben möchten.

Den meisten Menschen wurden ihre Träume gestohlen. Ihre Träume verschwanden, als sie in die tägliche Routine ihrer Arbeit eingezwängt wurden. Von früh bis spät, immer das Gleiche. Und dabei verdienen sie weitaus weniger, als sie wert sind oder als sie brauchen. Wenn das Geld ausgeht, dann ist immer noch zu viel Monat übrig. Zu viele Kompromisse, zu viele Opfer...

Ihr Leben muss nicht weiter so verlaufen. Jetzt ist der Zeitpunkt gekommen, dass Sie es verändern können. ***Jetzt ist der Zeitpunkt, die Weichen für den Rest Ihres Lebens neu zu stellen und das Leben wirklich genießen zu können. Die Zukunft beginnt jetzt in diesem Moment. Sie müssen ganz einfach eine Entscheidung treffen: sich dafür entscheiden und loslegen. Und das kann wirklich jede Frau.***

Diese Erkenntnis wurde mir vor kurzem ganz eindringlich bewusst. Ich nahm an einer nationalen Veranstaltung meines Unternehmens in Hawaii teil und lernte eine Frau aus Thailand kennen. Sie sehen also, Empfehlungsmarketing ist ein globales Geschäft. Sie stand auf und erzählte allen ihre Geschichte. Vor zwei Jahren verdiente sie in ihrem Heimatland monatlich 130$. Und dann erfuhr sie von der Möglichkeit, sich selbst von zu Hause aus ein Geschäft aufzubauen. Diese kleine, schüchterne Frau, die vor zwei Jahren monatlich nur 130$ verdient hat, verdiente nun über 20.000$ monatlich. Die gleiche Person, jedoch hat sie von einer außerordentlichen Geschäftsgelegenheit profitiert.

Wie sie wissen viele Frauen nichts von dieser einmaligen Gelegenheit. Und deshalb treten Frauen wie die Thailänderin und ich, die es geschafft haben, ins Rampenlicht. Wir nehmen unseren neu entdeckten Mut und unsere Zivilcourage, unser Selbstvertrauen und unsere Begeisterung zusammen, und wir rufen allen anderen zu: „Hallo, ihr Frauen. Schließt euch uns an. Geld zu haben, tut gut.“ Wenn Sie einer Frau erst einmal klargemacht haben, welche Möglichkeiten sie hier hat, und sie es verstanden hat, das dürfen Sie mir glauben, ist sie durch nichts mehr aufzuhalten.

Dieses Geschäft steht beispielhaft für Freiheit und Gleichheit. ***Diese Industrie wird nicht von Männern bestimmt.*** Hier herrscht Gleichberechtigung. ***Frauen können genau so viel Erfolg haben wie Männer.*** Manche können sogar noch erfolgreicher werden. Einige sind sozusagen „Vorstandsvorsitzende“ ihres eigenen „Einfraubetriebes“, den sie selbst aufgebaut und zu einem gewinnträchtigen Unternehmen gemacht haben.

Dieses Geschäft ist für Frauen optimal. ***Wir wurden viel zu lange gebremst.*** Sie steigen in dieses Geschäft ein, und sehr bald wird Ihnen bewusst, dass Sie die Größe Ihrer Organisation selbst bestimmen können. Sie können sie so groß gestalten, wie Sie möchten. Sie sind in einem Team, das Sie unterstützt. Sie haben ein duplizierbares System. Sie haben ein Produkt oder bieten Dienstleistungen an, die das Leben lebenswerter machen. Es ist ein einfaches, komplettes System mit fertigen Lösungen. Und Sie selbst müssen kaum etwas sagen, weil Sie auf ein breites Angebot wertvoller Informationswerkzeuge zurückgreifen können, mit denen Sie einfach nur „arbeiten“ müssen.

Kann es wirklich jeder ...?

Vor nicht allzu langer Zeit waren wir in England. Die zweitgrößte Linie des Unternehmens, in dessen Auftrag wir ein Training durchführten, ist von einer blinden Frau aufgebaut worden. Daran sehen Sie, dass es für jemanden, der nicht ganz so viel Glück im Leben hatte, kein Problem, geschweige denn eine Ausrede darstellen muss. Weltweit habe ich viele Menschen getroffen, die auf die eine oder andere Weise mit einer problematischen persönlichen Situation wie Blindheit, Taubheit oder einer anderen körperlichen Behinderung konfrontiert sind und trotzdem zu den Topverdienern gehören. Das alles spielt keine Rolle.

Das brennende Verlangen ist wichtig. Ausschließlich auf dieses Verlangen kommt es an.

Kürzlich habe ich einen Artikel mit dem Titel „Frauen, die sich dafür entscheiden, den Unternehmen den Rücken zu kehren“ gelesen. Darin wurde aufgezeigt, dass Frauen sich zunehmend für einen Ausstieg aus dem Berufsalltag entscheiden. Ich denke, das ist toll! Nur weiß ich auch, dass das nicht gleichbedeutend mit dem totalen Verzicht auf eigenes Einkommen sein muss. In Wirklichkeit weiß ich, dass Sie mit einem Aufwand von einer Stunde täglich in zwei bis fünf Jahren mehr verdienen können, als Sie sich vorzustellen jetzt in der Lage sind. Einfach dadurch, dass Sie diese Möglichkeit weiterverbreiten. Einfach dadurch, dass Sie mehr Frauen darüber informieren, dass es für das althergebrachte Problem des „Brötchen-Verdienens“ eine bessere Lösung gibt.

Sogar sehr schüchterne, introvertierte Menschen können mit der Hilfe ihres Sponsors und ihrer Upline erfolgreich werden. Sie nutzen einfach die vorhandenen preiswerten und gleichzeitig effizienten Werkzeuge.

Es stimmt alles ...

Wissen Sie, genau genommen müssen Sie gar nicht so viel wissen, um erfolgreich werden zu können. Wir haben im Verlauf der letzten zwanzig Jahre viele Werkzeuge entwickelt, die die Arbeit für Sie übernehmen. So haben wir ein „Schnellstart-System“ zur einfachen und leichten Duplikation geschaffen. Unter anderem ein Buch mit dem Titel „A Better Way to A Better Life“, welches neue Interessenten mit unserer Branche bekannt macht und ihnen aufzeigt, wie man persönlich und finanziell erfolgreich werden kann. Des Weiteren gibt es ein Buch „MLM – Questions and Answers“, in dem alle gängigen Fragen, die in diesem Zusammenhang auftauchen, angesprochen werden, und unseren Bestseller „Schnellstart .. in 45 Sekunden zum Erfolg“, in dem Sie etwas über die Grundlagen erfahren.

Es gibt viele Audios, die sich zum Sponsern bestens eignen und die Sie an alle weitergeben oder verschicken können, die den Alltagstrott nur zu gerne hinter sich lassen würden.

Wir haben Kassetten und

Videos sowie Buttons und eine Vielzahl unterschiedlicher Trainingswerkzeuge entwickelt, die alle nur dem einen Zweck dienen, nämlich, dass Sie im Empfehlungsmarketing – und somit in Ihrem Geschäft – erfolgreich werden. Wenn Sie sich für ein Unternehmen entscheiden und als „selbstständiger Partner“ oder „Berater“ einsteigen, werden Sie von diesem Unternehmen alles bekommen, was Sie brauchen: Produkte, Literatur, Vorzugsprogramme, den Vergütungsplan, Bestellinformationen und Informationen darüber, wie Sie aus der Startposition in die oberste Ebene gelangen können. Jedes Unternehmen stellt Audios und Videos sowie schriftliches Informationsmaterial zur Verfügung. Die Gründe, warum Menschen ihre Einkaufgewohnheiten verändern und ihr Geld direkt zum Hersteller anstatt in den Laden um die Ecke bringen, werden erläutert. Sie müssen nur nach Leuten Ausschau halten, die ganz spezielle Produkte oder einfach mehr Geld brauchen. Wenn Sie zufällig schüchtern sind oder kein Selbstvertrauen haben, dann spannen Sie einfach Ihren Sponsor oder ein Mitglied Ihrer Upline ein, die Ihnen helfen, aus den Startlöchern zu kommen und an Ihren eigenen Erfolg zu glauben, kurz sich selbst zu vertrauen.

Empfehlungsmarketing ist wie ein Ein-Personen-Franchise, das man bequem von zu Hause aus betreiben kann.

Meine Arbeitsweise ...

Don und ich können es uns heute leisten, so viel zu reisen, wie wir wollen. Wir gehen sehr oft in Cafés oder Restaurants. Ich habe stets einige Produkte meines Unternehmens bei mir. Dabei lässt es sich nicht vermeiden, dass mich jemand beobachtet und mich fragt, was ich mache oder was das ist.

Ich antworte dann immer: „Oh, das kann ich Ihnen nur dann sagen, wenn Sie Ihr Leben *selbst* besitzen möchten.“ Wissen Sie, es liegt mir fern, einem fremden Menschen unser Trainings- und Unterstützungsprogramm näher zu bringen, wenn er nicht den ernsthaften Wunsch äußert, die Tretmühle, in der er sich befindet, zu verlassen.

Sie wären sicherlich überrascht

zu hören, wie viele Menschen sich im Hamsterrad befinden, aber absolut nicht den Wunsch haben, es zu verlassen.

Ich weiß sofort, ob die Person, die gefragt hat, ihr Leben weiterhin in der Tretmühle verbringen möchte. Dann wird sie mit „Oh ..." oder etwas Ähnlichem antworten, statt neugierig zu sein und Fragen zu stellen, um der Sache auf den Grund zu gehen.

Leute, die ein Verlangen haben und neugierig sind, fragen nach der Bedeutung der Worte „Besitzen Sie Ihr eigenes Leben". Ich sage ihnen, dass sie dann genug Zeit und Geld haben werden, um das zu tun, was sie gerne tun möchten. ***Und dann frage ich sie, was sie denn gerne tun würden, wenn sie genug Zeit und Geld hätten.***

Innerhalb von ein bis zwei Minuten weiß ich dann, ob der- oder diejenige mehr vom Leben erwartet. Falls dem so ist, schicke oder gebe ich ihr oder ihm eine Information über die ersten Schritte des Systems, in denen die Einzelheiten erläutert werden. Ich muss also nicht alles selbst erklären, denn es gibt gut aufbereitete Unterlagen, die das weitaus besser erledigen als ich.

Das ist schon alles. So einfach ist das Ganze. Das verstehe ich unter dem Ausspruch „smart arbeiten" und schnell eine Organisation aufbauen.

Dabei ist es ganz wichtig, dass ich nichts über die Produkte gesagt habe. Ich habe nicht versucht, meine Produkte zu verkaufen oder mein Unternehmen anzupreisen. In dieser frühen Stufe kommt es nicht auf Ihre Produkte, die Dienstleistungen, die Sie anbieten oder das Unternehmen an.

Ich halte nur Ausschau nach Menschen, die das brennende Verlangen haben, ihr Leben zu verändern und verhelfe ihnen zum Start.

Dann wird es dem Interessenten auffallen, dass weltweit alle Einkommen ausschließlich daraus resultieren, dass Produkte vom Hersteller zu den Menschen, die sie brauchen, bewegt werden oder Dienstleistungen erbracht werden, für die ein Bedarf besteht. Wir sind also alle nur Verbraucher. Und wenn wir etwas verbrauchen, entsteht daraus automatisch ein Gewinn. Das zu verstehen ist sehr einfach.

Meine lieben Freunde, ich glaube, momentan können Sie nicht überblicken, wie groß Ihr Einfluss auf das Leben unzähliger Menschen dadurch sein wird, dass Sie ihnen diese Geschäftsmöglichkeit aufzeigen. Davon werden nicht nur Ihre eigene Familie und Ihre Freunde betroffen sein, sondern Tausende von Familien überall auf der Welt, da jeder einen weiteren Interessenten finden wird, dem er von seinen Träumen erzählt. Und diese Person tut dann das Gleiche. Nach einer gewissen Zeit breitet sich die Nachricht immer weiter aus. Es ist, als ob man einen Stein in einen Teich werfen und sich die Welle immer weiter ausbreiten würde.

Sie werden sich, wenn Sie in diesem Geschäft noch neu sind, im Moment gar nicht vorstellen können, welche Hoffnung es für viele Menschen verkörpern kann. In welchem Ausmaß es sich auf Ihr Einkommen als selbstständiger Unternehmer auswirken kann, auf die persönliche Freizeit, die Sie haben werden, auf die Lebensqualität, die Sie genießen können, wie viel Anerkennung und Aufmerksamkeit Sie bekommen werden. Und dies einfach dadurch, dass Sie sich mit Ihrem brennenden Verlangen ans Werk machen ... vom Traum der Freiheit beseelt ... und dies anderen Menschen mitteilen.

Sie werden Ihr Leben ins Lot bringen. Die meisten Frauen haben die Balance verloren. Sie kennen nichts als Arbeit. Sie pendeln zu ihrer Arbeitsstelle. Sie arbeiten viel im Haushalt. Hier fehlt die Balance. In der befinden Sie sich, wenn Sie ein bisschen arbeiten und viele andere Dinge tun, die für Sie wirklich wichtig und erfüllend sind.

In diesem Geschäft können Sie jedes Vierteljahr in Urlaub gehen. Oder einmal im Monat, wenn Ihnen das besser gefällt. Allen Frauen, die das ganze Jahr arbeiten und einmal im Jahr für eine Woche frei haben, ist das total fremd. Wir arbeiten heute halbtags und verdienen ein Vermögen. In den ersten ein oder zwei Jahren fängt das Geschäft ganz langsam an. Aber anschließend wächst es umso schneller. *Sie müssen Ihren Fokus stets vor Augen haben und sich nicht entmutigen lassen.*

Wahlmöglichkeiten ...

In dieser Industrie haben Sie alle denkbaren Wahlmöglichkeiten. Sie können Seite an Seite mit Ihrem Ehemann oder Partner arbeiten. Es ist wunderschön, wenn man sich in die gleiche Richtung entwickelt, einander hilft und sich gegenseitig unterstützt. Die Freude, die man miteinander teilt, wenn man zusammen einen Traum entwirft. Sicher ist, dass diese Geschäftsmöglichkeit viele Paare noch glücklicher gemacht hat. Bei welcher anderen Arbeit ist das möglich?

In der traditionellen Arbeitswelt ist es so, dass beide Elternteile außer Haus sind und sehr lange arbeiten. Kommen sie dann nach Hause, sind sie so ausgebrannt, dass sie keine Energie mehr für ihre Kinder oder füreinander haben, worunter die Lebensqualität aller sehr leidet. Dieser Stress führt zu Eheproblemen. Die Kinder wachsen vernachlässigt auf, sitzen vor dem Fernsehapparat oder noch schlimmer, sie wachsen auf der Straße auf.

Ich muss es nochmals wiederholen: Ihr Leben muss nicht so sein. Sie haben jetzt die Wahl. Sie können sich jetzt für einen total anderen Lebensstil entscheiden.

Die größte Freude unseres Lebens ist, dass wir immer miteinander arbeiten und wachsen konnten. Und dass wir unseren beiden Söhnen Doug und Greg beim Tennisspielen zusehen konnten. Zuerst in der Schule und dann im College. Und später als Berufsspieler. Wir waren bei allen ihren großen Turnieren. Überall in der Welt. Unser Geschäft gab uns dazu die Möglichkeit.

Was bereitet Ihnen in Ihrem Leben die größte Freude? Falls Sie selbst nicht glücklich sind, wie können Sie dann die Leute, mit denen Sie zusammen sind, glücklich machen? In diesem Geschäft haben Sie ganz sicher die Zeit und das Geld dazu.

Doch zurück zu meiner eigenen Geschichte ...

Entschuldigen Sie, aber irgendwie bin ich ganz von der Geschichte abgekommen, die ich Ihnen eigentlich erzählen wollte. Die über Frauen und deren Einstieg in Unternehmen in den Siebzigerjahren. Nun, ich habe mir die Haare hochgesteckt und zog los. Ich stieg bei einer Firma ein wie Tausende andere Frauen auch und versuchte, etwas aus mir zu machen. Nach kurzer Zeit entschied ich, dass ich eine leitende Stelle haben wollte.

Mich reizte das Prestige und das Geld, das damit verbunden ist. Das meinte ich zumindest. Und ich fing an zu rackern.

Ich bildete viele Leute aus, die anschließend befördert wurden. Das hat mich viele Tränen gekostet, denn für mich war es wirklich schlimm. Meine Gefühle gingen mit mir durch. Heute bin ich gefestigter. Das Ganze war für jeden, der ein Ziel hatte und sich abschuftete, eine harte Zeit. Besonders dann, wenn man einen Mann und Kinder hat und wenn man viele andere Dinge gleichzeitig tun muss.

Ich brauchte fünf Jahre, bis ich die ersehnte Position einnahm. Es ist eine tolle Sache, wenn man das Ziel, das man sich gesetzt hat, erreicht. Das einzige Problem war, dass mein Chef mich und meine Familie anschließend in einen anderen Bundesstaat versetzte!

War ich damals Herr über mein Leben? Besaß ich es? Nein! Ich musste eine mir bis dahin gänzlich unbekannte Region kennen lernen. Wir mussten unsere Kinder aus der Schule nehmen und sie irgendwo anders wieder einschulen. Und über Nacht war ich für sechs weitere Menschen verantwortlich. Sie arbeiteten in ihrem eigenen Stil. Ich hatte sie nicht ausgebildet, war jedoch für das Ergebnis ihrer Arbeit verantwortlich. Sicher, ich verdiente etwas mehr Geld und genoss ein höheres Ansehen, aber ich bestimmte mein Leben ganz sicher nicht selbst. ***In Wirklichkeit war es so, dass diese neue Aufgabe mit wesentlich mehr Stress verbunden war.*** Kommt Ihnen das bekannt vor?

Aber ich wollte unbedingt stellvertretende Direktorin werden. Das war mein nächstes Ziel. In dem Unternehmen, in dem ich arbeitete, gab es nur sehr wenige Frauen, die in dieser konservativen Versicherungsgesellschaft die Position einer stellvertretenden Direktorin innehatten.

Also schuftete ich eben noch ein kleines bisschen mehr, arbeitete noch härter und noch entschlossener als jemals zuvor. Sieben Jahre habe ich in dieser Firma geschuftet. Immer mit dem Bestreben, auf der Karriereleiter etwas höher zu klettern, um ganz nach oben zu kommen.

Und endlich erreichte ich auch mein Ziel. Ich wurde zum „stellvertretenden

Direktor" ernannt. Ich war so begeistert davon, dass ich ... mich am nächsten Tag aus dem Berufsleben zurückzog. Ja, das ist wirklich wahr! Wissen Sie auch, warum ich das tun konnte? Weil Don und ich zwei Jahre zuvor nebenberuflich im Empfehlungsmarketing angefangen hatten. Es hatte recht schleppend begonnen. Das war alles noch so neu, und ich hatte echte Bedenken, ob ich meine Stelle nun aufgeben sollte oder nicht.

Aber wir blieben dabei, genau so wie es uns die alten Hasen anrieten, und unser Geschäft gewann an Momentum. Plötzlich kam Bewegung in die ganze Sache. Ist Ihnen klar, dass, nachdem wir unser Geschäft nebenberuflich von zu Hause aus gestartet hatten, die Schecks höher waren als mein Gehalt bei diesem großen Versicherungsunternehmen? Und dies nach diesen sieben schrecklichen Jahren, in denen ich mich schier umgebracht habe, um die Superfrau zu sein. Aus diesem Grund gebe ich heute mein Wissen an andere Frauen weiter.

In dieser Branche sollten Sie aktiv werden und Ihre Zeit investieren. Nur hier sind ausschließlich Sie für Ihre finanzielle Zukunft verantwortlich. Sie sind Ihr eigener Chef und brauchen sich keine Sorgen zu machen, ob dieses Unternehmen seine Geschäftstätigkeit aufgibt, ob es Geld einbüßen oder schlecht geleitet wird. Sie alleine entscheiden, was passiert!

An dem Tag, an dem ich mich aus der Versicherungsgesellschaft zurückzog, gab ich mir selbst einen neuen Titel, den ich auch heute noch trage. Auch Sie können diesen Titel erwerben. Sie können jede Position einnehmen, die Sie einnehmen möchten: Sie sind der Boss. Sie müssen keinem Chef mehr zuhören oder ihm schmeicheln. Das gehört ab sofort der Vergangenheit an. ***Heute bin ich die stellvertretende Präsidentin und für den Spaß zuständig!***

Die Menschen fragen mich immer: „Was ist das Geheimnis dieses Geschäfts?" Ich antworte ihnen dann, dass das Geheimnis darin liegt, dass man Spaß dabei hat.

Je mehr Spaß Sie haben, desto erfolgreicher werden Sie sein. Die Menschen werden von Ihnen angezogen wie Bienen vom Honig.

Die meisten Leute sind einfach schlecht drauf. Wenn Sie mal wieder zur Arbeit fahren, dann schauen Sie doch ganz einfach in die Gesichter der Menschen in Ihrer nächsten Umgebung. Sie sehen wirklich nicht so aus, als ob es ihnen echt gut gehen würde.

Die meisten unglücklichen Gesichter, die ich jemals an einer Stelle gesehen habe, sah ich in den Straßen Manhattans in New York City. Sie waren alle ausdruckslos. Die Menschen hatten den Blick zum Boden gewandt, eilten schnellen Schrittes dahin und schubsten einander. Man muss sich natürlich fragen, wohin die alle eilten. Ich hatte den Eindruck, sie würden im Kreis herumlaufen. Eines ist sicher: Diese Menschen waren nicht „Herren ihres Lebens", sie „besaßen" ihr Leben keinesfalls.

Bislang haben nur wenige entdeckt, wie man Spaß haben kann und sein Leben selbst bestimmt. Immer mehr Menschen müssen das herausfinden. Das ist keinesfalls schwer. Eine neue Generation wird die Welt beeinflussen und wachrütteln. Diese ganz gewöhnlichen Leute, die gerne Spaß haben und begeisterungsfähig sind, werden einen großen Unterschied auf dieser Erde bewirken, da sie anderen zeigen werden, wie man sich eine finanzielle Freiheit aufbaut und sein Leben absichert.

Im Empfehlungsmarketing werden Sie mit vielen interessanten Menschen aus allen gesellschaftlichen Bereichen und aus allen Teilen der Welt zusammenkommen. Falls Sie momentan in einer Phase sind, in der Sie an sich selbst arbeiten, dann ist es genau das Richtige für Sie. Da Sie so viele neue Menschen kennen lernen, werden Sie einen ständigen Entwicklungsprozess durchlaufen und an sich arbeiten. Sie werden von all diesen neuen Freunden lernen.

Jede Stunde, die Sie in diesem Geschäft verbringen, bringt Ihnen ein Mehr an Spaß. Und je mehr Spaß Sie haben, desto höher wird Ihr Verdienst sein. Das liegt ganz einfach daran, dass eine Frau oder eine Gruppe von Menschen, die unwahrscheinlich viel Spaß haben, wie ein Magnet auf andere wirkt.

Empfehlungsmarketing ist eine Branche, in der Menschen anderen Menschen helfen, erfolgreich zu werden. Es ist eine Branche, in der es darauf ankommt, dass man andere ausbildet und sie unterstützt. Ich wünschte mir,

die ganze Welt wäre so, denn so sollte sie eigentlich sein. Eine Welt, in der jeder jedem hilft, das zu erreichen, was er im Leben erreichen möchte.

Die Frauen sind in dieser Branche deshalb so erfolgreich, weil das Lehren und Unterstützen ihrem eigentlichen Naturell entspricht. Sie „lehren“ ihre Kinder und sogar ihre Ehemänner. Dieses Geschäft ist optimal auf sie zugeschnitten.

Don und ich fahren noch immer sehr gern in einen Traumurlaub und wandern die Strände dieser Welt entlang. Wir möchten noch immer einen Unterschied in dieser Welt bewirken. Wir möchten viel Zeit mit unseren Söhnen und später auch mit unseren Enkeln verbringen. Und wir können gleichzeitig unser Empfehlungsgeschäft ausbauen.

Erfolgsgeschichten ...

Die Geschichten der Menschen, die in dieser Branche erfolgreich wurden und dadurch in den letzten zehn oder zwanzig Jahren ihre Träume verwirklicht haben, sind einfach phänomenal. Jedes Unternehmen hat Tausende Geschichten dieser Art dokumentiert, sei es auf Papier, auf Audios oder Videos. Die Leute kommen aus den verschiedensten Bereichen, und sie haben alle einen anderen Hintergrund. Eines aber haben alle gemein: ein brennendes Verlangen. Sie haben die Gelegenheit ergriffen und haben sie genutzt, ihr Bankkonto ist gewachsen, und ihr Leben hat sich für immer verändert. Dies geschah nicht über Nacht. Aber innerhalb von ein paar Jahren. Es geschah auch nicht ohne Anstrengung. Es gibt nichts umsonst, das wissen wir alle nur zu gut.

Diese Menschen haben aufgehört, Ausreden dafür zu erfinden, warum gerade sie nicht zu Wohlstand und Freiheit gelangen können. Sie haben einfach gehandelt. Sie sind auf den Zug aufgesprungen, der sie zum Erfolg geführt hat. Sie glaubten daran. Sie duplizierten das System und nutzten die exzellenten Werkzeuge genau so, wie man es Ihnen gesagt hatte. Und recht bald wuchs dann auch ihr Einkommen. Bei Ihnen kann das auch so eintreffen.

Alles, was Sie sagen müssen, ist: ***„JA! Ich möchte eine selbstständige Frau sein. Ich möchte mein Leben selbst bestimmen, es besitzen!“***

So viele Vorteile ...

Dieses Geschäft ist nicht kompliziert. Es ist so einfach. Die Branche ist etabliert. Es gibt eine Menge sehr guter und zuverlässiger Unternehmen, die sich alle in der einen oder anderen Sache unterscheiden. Sie führen entweder ganz außergewöhnliche Produkte, die Sie in keinem Laden Ihrer Stadt kaufen können oder sie erbringen Dienstleistungen, die mit außergewöhnlichen Einsparmöglichkeiten verbunden sind, für die Sie also momentan eindeutig zu viel bezahlen. Sie bestellen telefonisch und werden prompt beliefert. Alle Unternehmen haben attraktive Vergütungspläne, in denen die Höhe Ihrer monatlichen Provisionen festlegt ist. Es gibt verschiedene Rabattstufen, Bonuszahlungen, Reisezuschüsse, Preise, Ausflüge, diverse Anerkennungen, Zusammenkünfte, Ausbildungsveranstaltungen und Prämien.

Die Einstiegsgebühren liegen meist unter 100,00,– Euro, und dafür erhalten Sie ausgezeichnete Informationen und Schulungsunterlagen. Sie werden hervorragend unterstützt. ***Alles, was Sie dann tun werden, ist, anderen Menschen zu zeigen, was sie tun können, um selbstständig und erfolgreich zu werden, also mehr zu verdienen und ein besseres Leben zu führen.***

Wenn Sie sich von zu Hause aus selbstständig machen, können Sie natürlich auch die jeweiligen steuerlichen Vorteile geltend machen.

Falls Sie noch nicht wissen, welche Produkte oder Dienstleistungen dem Verbraucher über diese Branche angeboten werden, dann möchte ich Ihnen einige aufzählen. (Es gibt jedoch weitaus mehr.) Zum Beispiel: Körperpflege, Putzmittel, Hygieneartikel, pharmazeutische Artikel, Haushaltsartikel, Bekleidung, Autos, Autozubehör, verschiedene Dienstleistungen rund um das Auto, Kreditkarten, Investmentfonds, Hotel- und Motelrabatte, Auto- und LKW-Vermietungen, Ferien, Umzugsservice, Telefon- und Fax-Möglichkeiten, gebührenfreie Telefonnummern, Voice Mail, Gesundheitsprodukte, Lebensmittel, Nahrungsergänzungen, Krankenversicherungen usw. Diese Liste ließe sich noch beliebig erweitern.

Praktisch alles, was Sie derzeit kaufen und verbrauchen, ist ebenfalls zu vernünftigen Preisen auf diesem Weg erhältlich, wobei Sie große Einsparmöglichkeiten haben. Außerdem können Sie sich dadurch, dass Sie andere auf diese Möglichkeiten aufmerksam machen, eine lebenslange finanzielle Sicherheit aufbauen.

Es liegt nur an Ihnen ...

Wie sieht es aus? Möchten Sie gerne eine erfolgreiche, selbstständige Frau sein? Sehr viele Frauen haben das bereits erreicht. Offizielle Schätzungen gehen davon aus, dass es in unserer Branche in den Neunzigerjahren mehr neue Millionäre gegeben hat als zu irgendeinem anderen Zeitpunkt in der Geschichte des freien Unternehmertums.

Ich habe dieses Buch geschrieben, um Ihnen sozusagen die Augen zu öffnen. Dies ist die Gelegenheit für Sie, Ihre Zukunft selbst zu bestimmen, sie in die Hände zu nehmen. Alles, was Sie dazu brauchen, ist bereits vorhanden. Es gibt ausreichend Material, das Sie mit der Branche, den Unternehmen, den Produkten und Dienstleistungen und den Schulungsmöglichkeiten bekannt macht. Wir halten alles für Sie bereit und helfen Ihnen dabei, erfolgreich zu werden.

Aber jetzt, jetzt kommt es ausschließlich auf Sie an. Sie sollten unverzüglich Kontakt mit der Person aufnehmen, die Ihnen dieses Buch gegeben hat. Sie wird Ihnen zeigen, wie Sie am besten anfangen können.

Und worauf warten Sie noch ...?

Was spricht dafür, dass Sie weiterhin arbeiten, um Ihren Lebensunterhalt zu verdienen, wenn Sie genauso gut für ein besseres Leben arbeiten ... und dadurch einen großen Unterschied bewirken können.

Über die Autorin

Nancy Failla und ihr Ehemann Don sind seit mehr als 38 Jahren im Network Marketing tätig und seit 41 Jahren miteinander verheiratet. Sie haben zwei Söhne und fünf Enkel. Gemeinsam haben Nancy und Don Failla eine ganze Palette von Schulungsmaterialien für das Network Marketing erarbeitet. Seit 1981 bieten sie Network-Marketing-Schulungen an.

NANCY FAILLA

* Zurzeit Geschäftsführerin nach Lust und Laune.
* Nancy Failla bietet Network-Marketing-Schulungen an und hält motivierende Referate.
* Vertriebsleiterin und Vizepräsidentin eines landesweit tätigen Unternehmens im Ruhestand.
* Seit mehr als 25 Jahren Don Faillas Assistentin.
* Mehrfach als hervorragende Rednerin ausgezeichnet.
* Umfangreiche Erfahrung im Radio- und TV-Bereich.
* Nancy Failla besitzt einen Abschluss im Rundfunk- und Fernsehjournalismus der Universität von Oregon.
* Nancy Failla ist Verfasserin der Bücher FRAUEN AUF ERFOLGSKURS und ES MACHT SPASS, FREI ZU SEIN.
* Nancy Failla hält Vorträge über die Arbeit mit Frauen, auch für Männer, die gerne mit Frauen zusammenarbeiten.

NANCY UND DON FAILLA BRINGEN IHNEN BEI, WIE SIE „DIE 45-SEKUNDEN PRÄSENTAION“ EINSETZEN, UM AUF SCHNELLSTEM WEGE EINE BASIS FÜR IHR NETWORK MARKETING UNTERNEHMEN AUFZUBAUEN. DAS BUCH EXISTIERT IN 20 SPRACHEN UND WURDE BEREITS MEHR ALS VIERMILLIONENMAL VERKAUFT. UND DAS WICHTIGSTE: SIE WERDEN LERNEN, WIE SIE BEIM AUFBAU IHRES UNTERNEHMENS AUßERDEM NOCH SPASS HABEN.

Weitere Informationen erhalten Sie bei:

Life Success Media GmbH
6020 Innsbruck, Austria
www.45sekundentools.de

Zusätzliches Material von Don & Nancy Failla

Zusammen mit „Die häufig gestellten Fragen zum Network Marketing" haben Don und Nancy Failla andere Network-Marketing-Hilfsmittel veröffentlicht, um Ihnen zu helfen, Ihr Geschäft zu optimieren.

Die 45-Sekunden-Präsentation
von Don Failla

Was Sie schon immer über Network Marketing wissen wollten
von Don & Nancy Failla

Die 45-Sekunden-Präsentation-Karten
zum Verteilen

Das System
von Don und Nancy Failla

„BESTIMME DEIN LEBEN"
Reversanstecknadel

Frauen auf Erfolgskurs
von Nancy Failla

Es macht Spaß, frei zu sein
Nancy Failla & Familie

9 gute Gründe
Ihr Leben selbst in die Hand zu nehmen
– von Don Failla

Um diese Produkte zu bestellen oder mehr Informationen zu erhalten, besuchen Sie bitte unsere website:

www.45sekundentools.de